塑造近代中国
牛奶消费

对近代上海乳业市场发展及其管理的考察

章斯睿 / 著

上海社会科学院出版社
SHANGHAI ACADEMY OF SOCIAL SCIENCES PRESS

目 录

第一章 导言 …………………………………… (1)
 第一节 牛奶研究 …………………………… (3)
 第二节 研究对象和时段 …………………… (15)
 第三节 研究内容和资料 …………………… (18)

第二章 从无到有:近代上海乳业制度的初创 ……… (22)
 第一节 牛奶商品化 ………………………… (22)
 第二节 执照准入 …………………………… (27)
 第三节 检验制度 …………………………… (42)
 小结 ………………………………………… (50)

第三章 追求品质:近代上海乳业制度的发展 ……… (53)
 第一节 困扰租界的牛奶问题 ……………… (53)
 第二节 建立等级制度 ……………………… (63)
 第三节 等级制度与牛奶市场 ……………… (80)
 小结 ………………………………………… (92)

第四章 与鲜奶竞争:近代上海代乳品的发展 ……… (95)
 第一节 完美的话语 ………………………… (95)
 第二节 冲击母乳 …………………………… (102)
 第三节 华洋之间的竞争 …………………… (109)
 小结 ………………………………………… (120)

第五章　危机与挑战:20世纪40年代上海乳业的困境 … (122)
　　第一节　战时体制下的牛奶业 …………………… (122)
　　第二节　统制体制的影响 ………………………… (130)
　　第三节　救济品与战后乳品市场 ………………… (141)
　　小结 ………………………………………………… (151)
第六章　延续与争论:近代上海乳业制度与同业公会 …… (154)
　　第一节　一业两公会的形成 ……………………… (154)
　　第二节　管理与发展 ……………………………… (164)
　　第三节　两公会合并 ……………………………… (171)
　　小结 ………………………………………………… (186)
结语 ……………………………………………………… (190)
参考文献 ………………………………………………… (196)
后记 ……………………………………………………… (207)

第一章　导　　言

　　食物维系着人类的生存和发展,食品安全已成为近年来最热门的话题,牛奶更是其中焦点。在中国漫长的历史中,牛奶曾经作为征服者的食物,受到汉民族的排斥。①除了西北游牧民族外,汉人和多数少数民族是很少食用奶制品的,奶制品"始终处于中国饮食体系的边缘,从未成为中国传统饮食的主流"②。但今天,北京、上海、广州、南京等城市成为乳品消费的主体。牛奶成为中国民众日常饮食中不可或缺的一部分;奶粉,成为万千母亲哺育婴儿的重要选择。2008年爆发的三聚氰胺事件,波及整个中国乳业,导致消费者对整个行业信任缺失,纷纷争购进口奶粉。这股争购热潮,在2013年导致欧美多国和香港特别行政区出台措施,限制中国大陆消费者大量购买婴儿奶粉。奶粉问题进一步蔓延到了其他食品,引发国人对食品安全问题的忧思。此后,"食品安全"成为网络媒体、学术界及政府部门关注的焦点。

　　如果重新检视百年前的乳业,就会发现其与今日的乳业格局,大为不同,如图1-1所示。

---

① (美)尤金·N.安德森著,马孆、刘东译:《中国食物》,江苏人民出版社2003年版,第62页,第140—141页。
② 王书吟:《哺育中国:近代中国的牛乳消费——二十世纪二、三〇年代上海为中心的考察》,(台北)《中国饮食文化》,2011年第1期,第215页。

图 1-1　传统售牛乳者

资料来源:《图画日报》1909年第99期,第8页。

图 1-1 形象生动地展现了 20 世纪初牛奶业的某个侧面,从中至少可以得出三点。第一,在 20 世纪初,大多数中国人喝牛奶还是直接从牛身上直接挤出,不经其他手续。第二,牛奶是一种老少皆宜的冬令补品。第三,牛奶中掺水问题严重,所以消费者要在一旁监视挤牛奶的全过程,以免受到讹诈。这三点也正是本书所关注的重要问题。

本书主要介绍 19 世纪晚期到 20 世纪 50 年代上海乳业市场的发展和政府的管理措施,除弥补现有研究的不足外,还将描述当时市场发展的情形,探索两者之间的互动关系。需要说明的是,本书并不旨在书写一部近代上海牛奶产业史,尽管在书中必然要处理对乳业市场的论述和分析。本书更希望通过梳理相关史料,将牛奶这种古已有之的食物置入 20 世纪中国现代化的背景下,在商品化过程中,勾勒出制度的变迁,析论行业标准是如何建立以及对市场产生何种影响。

第一节 牛 奶 研 究

一、传统行业史和技术史中的乳业发展史

现有乳业史研究通常作为通论的一个章节,或地方志的部分内容,以及畜牧专著等形式出现。

在通史性著作和地方志中,乳业作为地方农业经济的一种代表被列入考察对象,强调不同的发展阶段和发展方式的变化。以上海为例,张俊杰主编的《上海商业(1949~1989)》就将乳制品作为副食品商业的一种加以介绍;《上海农垦志》和《上海畜牧志》也介绍了整个产业的发展情况,从乳牛育种繁殖、饲养防疫到牛奶供应,两者都以1949年后发展为主,对1949年前的情况涉及较少。① 对1949年前发展阶段的论述,一般突出乳制品商业化的过程,并突出其作为农业生产商品化的特点之一。《上海近代经济史》和《上海通史》还进一步指出,民国时期的乳业已经出现了资本主义农业的经营方式,上海的畜牧农场就是这种代表。② 由于乳牛一般都蓄养在上海郊县,所以在上海郊县地方志中对本地蓄养乳牛及开办乳场的经历也有所介绍,如川沙、宝山、嘉定等。③

---

① 张俊杰主编:《上海商业(1949~1989)》,上海科学技术文献出版社1992年版,第262—270页。《上海畜牧志》编纂委员会:《上海畜牧志》,上海市畜牧办公室内部资料,2001年,第104—128页。《上海农垦志》编纂委员会:《上海农垦志》,上海社会科学院出版社2004年版,第206—245页。

② 丁日初主编:《上海近代经济史(1895—1927)》第二卷,上海人民出版社1997年版,第405—406页。熊月之主编:《上海通史·民国经济》第八卷,上海人民出版社1999年版,第243—245页。

③ 上海市浦东新区史志编纂委员会:《川沙县续志》,上海社会科学院出版社2004年版,第245页。上海市宝山区史志编纂委员会:《宝山区志:1998~2005》,方志出版社2009年版,第649页。上海市嘉定区畜牧水产局志编写组编:《嘉定县畜牧水产局志》,上海社会科学院出版社1994年版,第50—58页。

除了出现在通史和地方志中，乳业通常作为畜牧经济和畜牧科技的一部分被加以论述。从民国以来就有不少专家学者从畜牧经济的角度，积极提倡乳牛养殖和牛种改良。罗振玉在其创办的《农学报》上就倡议引进良种奶牛，此后《农学报》上曾刊登日本学者河相大三述所著的《牛乳新书》，并由湖北农务局沈纮编译。①就笔者根据《民国时期总书目》检阅所得，1929年上海民智书局出版的《牛乳研究》是最早研究牛奶的中文专著，书中介绍了奶牛种类、牛奶成分、罐头、奶粉、酸奶、奶制品的营养等。民智书局还将该书列为"家庭必备之书"，认为此书能使国人对牛奶的性质和用法有"明白认识"。②此后有关牛奶研究的专著也不断问世。1936年金嗣说编纂的《牛乳及其制品之研究》，将人乳、羊乳、山羊乳、其他动物之乳做了比较，认为牛乳是最好的营养品。③吴信法的《牛乳及其制品》和顾学裘编著的《牛乳研究》等，也都是民国时期乳品研究的代表著作。④谢家驹的《乳品学》附有外文乳品学名著目录、乳品检验报告单和主要术语译名对照索引等。⑤这些专家的著作比较侧重于介绍乳品的种类、乳牛养殖技术、牛奶的营养要素、化学成分、检验方式和乳制品开发利用，对近代以来乳业制度的建立过程和乳品行业在全国范围的传播，虽已稍有涉猎，却仍然比较简单化，往往以"受西方影响"一言蔽之，忽视了乳业制度和市场在发展过程中的复杂情况。

---

① 《牛乳新书卷上半篇》，《农学报》1900年第112期。《牛乳新书卷下（乳篇）》，《农学报》1900年113期。

② 北京图书馆编：《民国时期总书目〈农业科学·工业技术·交通运输〉（1911—1949）》，书目文献出版社1993年版，第126页。《民智新书集刊》第二辑，民智书局出版社1935年版，第144页。

③ 金嗣说：《牛乳及其制品之研究》，商务印书馆1936年版。

④ 顾学裘：《牛乳研究》，中华书局1940年版。

⑤ 谢家驹：《乳品学》，浙江文化印刷公司1948年版。此外，还有潘念之：《乳牛饲养学》，中国农业书局1936年版。

1949年后,部分著作除了被各大专院校继续使用外,另有张天才、金世琳等相关著作问世。①以上著作多是留学回国的农学专家从科学技术的角度,对乳牛饲养以及牛奶的生产流程和卫生管理做全面详尽介绍,力图引进当时西方先进科学技术来推动中国乳业发展。1949年后随着中国畜牧兽医学会的成立,推动了畜牧兽医学术交流和技术推广工作,也加强了专业书刊的出版。在20世纪50年代,国内学者翻译了一批苏联专家的著作和教材②;与此同时,由中国畜牧兽医学会负责收集整理和编辑畜牧业文献史料,陆续出版了《中国古代畜牧兽医史》《中国畜牧史资料》《中国畜牧史料集》以及《中国近代畜牧兽医史料集》和《中国现代畜牧兽医史料》,其中都收录了与乳业相关的论文和学术资料。③以1992年中国畜牧医学会主编出版的《中国近代畜牧兽医史料集》为例,该书汇集了清末至"文革"前我国畜牧医学方面的主要文献,对1840年至1965年间的我国畜牧业的组织机构、生产技术和各类学术研究以及政府管理进行了纲领性的勾勒,从整体上简要介绍了乳业在中国各主要城市发展的历史。

从时段上来看,乳业发展分为古代、近代和现代。刘希良、张

---

① 金嗣说编的《牛乳及其制品之研究》1950年商务印书馆再版;谢家驹的《乳品学》由北京中央轻工业部食品处1951年再版作为教材使用。张天才,《养乳牛》,商务印书馆1950年版。金世琳编,《牛乳加工中副产品的利用》,轻工业出版社1959年版。

② [苏]伊尼霍夫等著,黄立本、陆珹译:《乳制品化学分析(实验)》第一卷《牛乳及乳制品的分析》,高等教育出版社1956年版。[苏]西尔巴科娃·K:《提高乳牛产乳量的方法》,畜牧兽医图书出版社1956年版。[苏]阿葛福诺娃·E:《我怎样把每头乳牛的产乳量提高到7432公斤》,财政经济出版社1954年版。

③ 邹介正等编著:《中国古代畜牧兽医史》,中国农业科技出版社1994年版。王毓瑚编著:《中国畜牧史资料》,科学出版社1958年版。张仲葛、朱先煌主编:《中国畜牧史料集》,科学出版社1986年版。中国畜牧兽医学会编:《中国近代畜牧兽医史料集》,农业出版社1992年版。蔡无忌、何正礼编著,中国科学社编辑:《中国现代畜牧兽医史料》,上海科学技术出版社1956年版。

保峰等都是从宏观的角度把握中国乳业发展的历程,刘贤俊突出中国乳业在1949年前处于不利的发展环境,特别是对外商占据大量市场份额以及战争引起的社会不稳定作出批评。①王利华、张和平和尉麒珺等,通过古籍的研读,探讨了古代乳制品消费的方式以及汉民族接收乳品的流变。②从现有研究时段来看,乳业史研究比较集中于古代,尤其是中古时期,对近代以后的乳业史发展缺少更为具体细致地分析。

从区域上来看,除了传统游牧民族聚集的西北外,香港、上海等沿海城市已有回顾性研究。③《中国近代畜牧兽医史料集》对北京、南京、重庆、温州等城市的乳业做了初步描述,其中收录了王毓峰和沈延成对上海乳业的介绍文章,早已于1984年发表,该文首次回顾了上海乳业发展的历程,并将乳业分为"萌芽阶段(1865—1897)""牛奶棚阶段(1898—1922)""牛乳场阶段(1923—1948)"和"畜牧场阶段(1949—1965)"四个成长阶段,并介绍了与乳业相关的各种卫生制度,为后来者研究上海乳业

---

① 刘希良、张和平:《中国乳品工业》2002年第5期,第162—166页。张保锋主编:《中外乳品工业发展概览》,哈尔滨地图出版社2005年版。顾佳升:《我国"奶文化"的演变》,《管理世界》2006年第11期。曹幸穗、张苏:《中国历史上的奶畜饲养与奶制品》,《中国乳业》2009年第11期,第80—84页。刘贤俊:《近代中国乳业的苦难历程》,《中国乳业》2002年第6期,第34—35页。

② 王利华:《中古时期的乳品生产与消费》,《中国农史》2000年第4期,第82—87页。张和平:《中国古代的乳制品》,《中国乳品工业》1994年第4期,第161—167页。尉麒珺:《农耕民族与乳制品:中国人对乳制品的食用史》,"亚洲食学论坛"会议论文,浙江杭州2011年。此外还有刘贤俊:《古籍记载的中国乳业》,《中国乳业》,2002年第5期,第33—34页。

③ 罗丰:《中国北方乳制品制作与消费之历史——一个考古学与民族学的考察》,(台北)《中国饮食文化》第4卷第2期,2008年7月,第115—177页。曹幸穗、苏天旺:《香港开埠早期的奶牛业(1842—1899)》,《古今农业》2011年第2期,第105—113页。曹幸穗、张苏:《日本占领时期的台湾乳畜饲养与乳品生产》,《古今农业》2009年第3期,第79—87页。洪丽雯:《日治时期台湾牛乳饮用的开展与文化意涵》,(台北)《中国饮食文化》(第7卷2期)2011年7月,第79—120页。

提供了丰富的原始材料。①董德宽等人则简单介绍了上海乳业在1949年后的新变化及对未来的展望,他认为在1949年后社会环境相对安稳,虽小有波折,但是人民政府始终鼓励发展乳业,这一时期还涌现了各种提高乳产量的技术和设备。②此外,尚有南京、延安等地的研究者,从回顾行业的角度,对当地乳业做简要描述。③

然而,由于这些学者多是农学专家,故他们更关注技术革新和扩大生产,反映在叙述上,则较多强调牛奶产量的提高和奶牛数量的增加。在他们看来,技术进步必然带来乳业发展。但是,笔者不禁要问,乳业发展难道仅仅取决于技术创新和产量提高吗?如果新技术确实提高了产量,那么大量产品进入市场后要如何被市场"消化"呢?

二、牛奶作为商品:知识传播与文化塑造

对历史学研究来说,乳制品不仅涉及生产与制造。社会大众如何消费牛奶既是经济活动中的重要环节,也反映在社会文化中。何炳松早在1930年的《通史新义》中就强调要在经济史研究中加入消费的视角,而且他还认为,"经济史不能不顾及消费史,对于消费者之自然需要——即物质生活史——有了解之必要"。④不同历史时期的人们在消费各种物质的时候,不仅仅是出于这种物质的实用功能,也是由于某些文化需求。可以说,牛奶作为经济商品的同时,也是一种文化符号和象征。从这一点来说,中国人,尤其

---

① 中国畜牧兽医学会编:《中国近代畜牧兽医史料集》,农业出版社1992年版,第74—89页。王毓峰、沈延成:《上海市牛乳业发展史》,《上海畜牧兽医通讯》1959年第4期,第1—14页。
② 董得宽、陈新:《上海乳牛业简史与前瞻》,《上海农业科技》1996年第4期,第31—34页。董得宽:《上海奶业1949~1999》,《上海奶牛》1999年第3期,第1—6页。
③ 蒋伟清:《南京奶业的回顾与展望》,《中国奶牛》2000年第6期,第6—9页。李琦珂、曹幸穗:《抗日战争时期延安地区奶畜饲养》,《中国农史》2012年第3期,第31—37页。
④ 何炳松:《通史新义》,商务印书馆1930年版,第260—263页。

是近代以来的国人为什么选择消费牛奶是值得进一步深思的。

自民国初年乳制品商品化以来,其消费量显著上升,但是当时乳品市场集中在上海这样的东南沿海大城市,而不是有着悠久喝奶习俗的西北牧区。那么,这种以都市居民为主要销售对象的消费模式是如何形成的?

刘俊贤认为是这些城市在受到西方人的影响而开始饮用牛奶,由需求造成市场。①他没有深入分析乳业在中国东南沿海大城市中的传播和消费的复杂过程。陈玉箴在对日占时期台湾乳品消费的研究中提出"牛乳作为一种因自然限制原盛产于西方的产品,何以能克服气候与身体的限制,进入并盛行于台湾市场?"在她看来:"饮食适应的过程,不仅关乎影响乳品市场开展的政治、经济要素,亦关乎人们如何克服身体上可能的不适,进而接受并推崇一外来的食品。"②

近代的牛奶消费,除了西俗东渐的解释框架外,还必须注意知识的传播及其对婴儿哺育方式的影响。有不少学者开始关注20世纪初牛奶代替母乳,成为婴儿哺育的新方式。③他们都强调了"强国保种"话语对近代知识分子的影响。葛淑娴(Susan Glosser)也曾撰文强调了"社会达尔文主义"话语在民国社会的流行,这种话语被受过西化教育的知识分子所接受,并形成了中国人消费乳品的重要理由之一。她特别使用了前文提到的民国乳品知识专著

---

① 刘贤俊:《近代中国乳业的苦难历程》,《中国乳业》2002年第6期,第34页。

② 陈玉箴:《乳业发展与营养论述:日治时期台湾牛乳消费文化的普及》,(台湾)政治大学中国大陆研究中心 http://cfcs.nccu.edu.tw/new2011/list.php?language=&group=WORKING_PAPER&n=0&c=0 2013年3月13日20:08检索。

③ 卢淑樱:《母乳与牛奶:近代中国母亲角色的重塑(1895—1937)》,(香港)中华书局2018年版。周春燕:《胸哺与瓶哺——近代中国哺乳观念的变迁(1900—149)》,《近代中国妇女史研究》2010年12月第18期,第1—52页。王书吟:《哺育中国:近代中国的牛乳消费——二十世纪二、三〇年代上海为中心的考察》,(台北)《中国饮食文化》2011年7月第1期,第207—239页。

来讨论当时知识分子对牛奶的认识和消费牛奶的必要性,由于牛乳在古代中医文献中是作为药用而非食用被加以论述的,这与民国时期的牛奶论著有很大的不同,民国时期的牛奶论著更突出了"科学""卫生""营养"等现代概念,也特别强调身体健康对民族强盛的重要性。不过,由于葛淑娴过多使用科技专著强调知识所构筑的话语权,考虑到这些著作的专业性和发行量,可能产生的影响相当有限。尽管她也提到了乳品商人促进了牛奶消费,但是却忽视了商业活动的具体层面。①

科学话语结合商业推广使牛奶被国人接受,并成为饮食的一部分。民国商人在促进商品消费时使用的各种促销手段,包括针对不同消费群体所使用的不同方式,在促使消费者购买牛奶时,商家要如何运用科学话语和民族主义情绪,尤其是运用各种商业宣传刺激消费者购买,已有学者进行了研究。王书吟和李忠萍通过对20世纪二三十年代《申报》广告的考察,认为近代牛奶消费经历着从奢侈品转变为大众消费品,并在西式标准下向机械化大生产转变的过程。这个过程被赋予强烈的"民族主义"象征,是现代性民族国家建构和寻求现代化的重要体现。②

以上关于近代牛奶消费的论述都关注了牛奶与身体的关系。在《牛奶的近代性:以营养和卫生为中心的思考》③一文中,王凤展

---

① Susan Glosser, "Milk for Health, Milk for Profit: Shanghai's Chinese Dairy Industry under Japanese Occuption", in Sherman Cochran (ed.) , *Inventing Nanjing Road Culture in Shanghai, 1900—1945*, Ithaca: Cornell University, 1999. pp.207—233(中文版见葛淑娴著,章斯睿译,潘玮琳校:《为健康还是为利益:日占时期的上海华商乳品业》,复旦大学历史学系,复旦大学中外现代化进程研究中心编:《近代中国研究集刊 近代中国的物质文化》,上海古籍出版社2015年版,第358—387页).

② 李忠萍:《从近代牛乳广告看中国的现代性——以1927~1937年〈申报〉为中心的考察》,《安徽大学学报(哲学社会科学版)》2010年第3期,第106—113页。

③ 王凤展、余新忠:《牛奶的近代性:以营养和卫生为中心的思考》,《中国社会历史评论》2015年第16卷(下),第1—24页。在该文中,作者将"近代性"等同于"现代性"。

和余新忠对此进行了全面的论述和总结,他们对牛奶的近代意象展开探讨,特别强调"健身强国"就是牛奶作为现代性商品的特点之一。

从文化角度固然能解释中国人饮用牛奶的原因,但是对于中国人的饮食习惯是否能被"强种救国""卫生清洁"的话语所引诱而改变呢？法国学者萨班(Françoise Sabban)认为,饮食习惯并不是可以轻易被改变的,例如欧洲人即使知道昆虫富含蛋白质,也不会食用。她还认为应该将中国的牛奶消费置于一个更广泛的全球视角来观察其变化,并特别强调雀巢公司在华经营对中国人消费牛奶所造成的影响。① 经济活动的影响可以补充文化解释的某些不足。如果不能对上海牛奶市场有总体的把握,就容易对消费行为形成一定的误解。例如,本地鲜奶市场以"消毒牛奶"为主,由于生奶被市政当局禁止直接饮用,而多数华商奶棚又无力负担高昂的进口消毒设备,且达不到工部局或上海市政府所规定之细菌指标,故不少小牧场和农民将自己奶牛所产之奶售予营业规模较大的牛奶场,形成上海乳业市场中的"拆奶"现象。在1929年上海市社会局对全市乳业的调查中,发现持照的牛奶场常向牛奶棚和郊区养牛的农民收购牛奶以调剂其产销平衡。高居价格顶端的是以 A.T.T 为代表的消毒牛奶,生奶只能作为原料,经过消毒加工后才能出售,也因此形成了牛奶市场上的价格差。这种价格差甚至引发了行业内部对"消毒"的争议。② 这部分市场面貌在以上学者的研究中都没有提到,但又确实存在于上海地区乳业发展的过程中,值得引起研究者的注意。

尽管已有不少乳业经济学研究成果,但是关注焦点主要是在

---

① Françoise Sabban, "Milk Consumption in China: The Construction of a New Food Habit".(未刊稿)《第十二届中华饮食文化学术研讨会论文集》,(台北)中华饮食文化基金会,第397—420页。

② 详见后文讨论。

20世纪80年代以后的产业组织、市场营销、发展战略、区域竞争和危机管理等,对于1949年前上海乳业市场研究则相对较少。① 袁成毅的研究虽然运用了档案材料,从历史角度分析了民国时期英瑞公司的鹰牌炼乳和温州百好炼乳厂生产的擒雕牌炼乳为商标问题而引起纠纷。②但这个研究并不包括上海市场,而且只能看成是民国时期乳业市场发展的一朵小浪花,还有更为广阔的空间值得探讨。

如果缺少历史性的分析,就会给研究带来局限性,例如前文提到的通史性著作和地方志都曾对上海乳品市场有所描述,但是他们的研究往往忽视了近代以来乳业内部发展的差异。晚清以来,在中国销售的乳制品,除了液态奶之外,还包括炼奶、奶油、黄油、奶粉等。相对于鲜奶较为"本地化"的发展,以炼奶、奶粉为代表的乳制品业则更为"全球化"。③这是因为鲜奶生产后,如果不能保存在适当温度下,则在48小时内会发生腐败。因此,鲜奶生产必须临近奶源和市场。晚清以来,上海本地鲜奶主要依靠浦东川沙和其他近郊地区提供。相对而言,奶粉和炼奶则可以长期保存,利于长途运输,所以在第一次世界大战后,以美国为首的西方国家纷纷向中国出口奶粉和炼奶等罐头奶制品,并在1945年后威胁到上海鲜奶市场。

三、卫生的牛奶:制度史视野中的乳业市场

在笔者看来,上海牛奶市场的特点之一是规则先于话语。公共租界工部局在建构近代上海乳业制度方面,具有开创性和引导

---

① 参见郝晓燕:《中国乳业产业安全研究——基于产业经济学视角》,内蒙古农业大学博士学位论文,2011年,第4—8页。还可参见谭向勇、曹暕等:《中国奶业经济研究》中《附录3:有关奶业经济的专著和学位论文的名录》,中国农业出版社2007年版。

② 袁成毅:《民国时期中英炼乳品牌纠纷案探析》,《民国档案》1999年第4期,第57—61页。

③ 这种观点亦可参见 E. M. DuPuis, *Nature's Perfect Food: How Milk Became America's Drink.*, New York University Press, 2002, p.8.

性。因此,对上海地区的乳品研究离不开对制度的探讨,特别是基于公共卫生角度的乳品卫生制度。

近20多年来,医疗社会史正逐渐成为史学界的研究热点。20世纪70年代,西方史学界兴起了疾病医疗和社会史互相融合的趋势,越来越多的学者投入到此领域的研究,这股风气影响到台湾地区史学界,"中研院"史语所在1992年成立了"疾病、医疗与文化"研讨小组,形成了医疗文化研究的热潮。大陆方面虽然在20世纪90年代开始关注这个领域,但直到2003年爆发非典型性肺炎(SARS)之后,才开始受到学界的重视。①

现今学界对医疗社会史研究主要聚焦于中国疾病史和城市公共卫生史。后者又以上海、北京、天津等大城市和通商口岸为主要研究对象,既包括对城市卫生事业的整体探讨,也包括专门考察环境、食品、学校、妇婴等方面的管理。②这些研究丰富了学界的认知,同时,还尚存进一步拓展的空间。例如,城市食品卫生管理,虽然已有学者对上海租界的行政措施进行了系统梳理,还缺乏具体地阐述。③

以牛奶为例,20世纪乳业最为显著的特点是政府权力的全面介入。自从西方医学知识,特别是预防医学传入中国后,政府为保障大众健康,在管理食品市场方面设立了各种卫生标准。卫生监督体系建立的同时也影响到相关食品市场,食品卫生法规是最早出现的专业法规之一。其中,对于乳品最为重要的是巴氏消毒

---

① 陈蔚琳:《晚清上海租界公共卫生管理探析1854—1910》,华东师范大学硕士学位论文,2005年,第3—4页。
② 李忠萍:《"新史学"视野中的近代中国城市公共卫生研究述评》,《史林》2009年第2期,第173—186页。近来,也有研究关注到如成都这样的内陆城市,参见毛姝静:《一九四〇年代成都市公共饮食卫生及其管理研究》,四川师范大学学位论文,2012年。
③ 陆文雪:《上海工部局食品卫生管理研究(1898—1943)》,《史林》1999年第1期,第64—82页。

(Pasteurization)技术被确立为卫生制度中不可缺少的环节。①

目前有关这方面的研究,不仅存在对巴氏消毒以及后续政策制度梳理不清的情况,对其在具体社会环境中的实际运行也缺少描述。在以往的乳业研究中,专家所书写的相关论著较为强调牛奶的营养价值和标准化生产,对制度造成的市场分析有所欠缺。在论述食品卫生管理和立法时,一般会涉及乳品管理,但这些研究多是政策解读,或仅仅罗列乳业监管制度的产生。②顾佳升初步爬梳了上海地区实行巴氏消毒的历史,从历史个案出发,描写了当时工部局处理违规企业的经过,但他没有考虑到这项制度建立的过程和复杂性。③陈柏生、余树川和徐跟涛的个人回忆涉及管理牛奶业的制度以及各种事件和经历,但其立场有失偏颇。④

美国学者扎普里克(Alan Czaplicki)在探讨芝加哥市政府引进巴氏消毒制度所引起的争论和反复时指出,市政关系对制度创新

---

① 巴氏消毒,又称为巴氏杀菌法,"是对产品的一种热处理过程,旨在避免同牛奶有关的病原性微生物造成公共健康危害。巴氏杀菌作为一种热处理,意图使牛奶在化学、物理、感光方面引起最小的变化,避免公共健康受到危害的卫生意义是:虽然乳中的病原性微生物不能全部消灭,但有害的微生物数量已经减少到不足以构成显著危害健康的水平。巴氏杀菌减少了产品中腐败菌数量,从而延长了某些产品的保质期。"——国际乳品联合会编,国际乳品联合会中国国家委员会等译:《英汉乳业术语词汇》,中国轻工业出版社2001年版,第214页。

② 朱德明:《上海公共租界食品检疫初探》,《历史教学问题》1995年第6期,第8—10页。陆文雪:《上海工部局食品卫生管理研究(1898—1943)》,《史林》1999年第1期,第64—82页。彭善民:《公共卫生与上海都市文明》,上海人民出版社2007年版,第79—82页。

③ 顾佳升:《历史资料显示:巴氏杀菌奶是可以标"鲜"的》,《中国乳业》2006年第12期,第8—9页。

④ 陈柏生:《上海牛奶业的惨痛史》,《20世纪文史资料文库》第3辑,上海书店出版社1999年版,第162—170页。徐根涛:《川沙奶牛发展简史》,《川沙文史资料》1989年第1辑。余叔川:《上海牛奶业艰苦成长史》,《长宁文史资料》1990年第6辑,第36—40页。此三人均为乳业从业人员,对其叙述应谨慎使用。

的影响是不可低估的,任何看似"进步"的技术并不是一开始就顺理成章地被接受,甚至纳入法律体系,而应该考虑"本地化"过程中的利益纠纷等。①

虽然上海的历届市政府都建立了无数的标准以约束牛奶商的各种不法行为,目的就是为了市民能喝上纯净的牛奶,但是各项指标的建立是否确实降低了违法案例,是否提高了牛奶品质,还有待进一步研究。

值得一提的是,上文提到的王凤展和余新忠的文章也将"卫生"作为探讨牛奶近代性的重要维度。他们论述牛奶业在近代中国的引入和发展时,存在"从个体到专业化""从危险到卫生"的问题,这与本书所要探讨的产业形成和卫生管理的演进在某些方面是不谋而合的。但本书将对其中的细节进行展开,并侧重商业秩序和利益的博弈。

具体来说,首先,与乳品相关的制度都以西方制度为蓝本并在此基础上诞生了中国公共卫生中的新议题——食品安全;其次,这些制度是建立在西方医学知识的背景之上,尤其是受到19世纪细菌学影响的巴氏消毒技术;最后这些制度的产生和实施过程不仅仅是中国公共卫生史的一部分,也反映了中国政治环境的变化。由于最早实行这种制度的行政机构是公共租界工部局卫生处,这一机构本身对这一新技术和新制度的认识和接收存在各种问题。例如,是否对外商和华商采取"双重标准"?这个制度的推行对上海的乳业市场形成什么样的影响?本地商人面对新制度是何种态度?有着何种利益纠葛?这些都将是本书所要探讨的议题。

---

① Alan Czaplicki, "Pure Milk Is Better than Purified Milk": Pasteurization and Milk Purity in Chicago, 1908—1916, *Social Science History*, Vol 31 No.3(2007), pp.411—433.

第二节 研究对象和时段

一、市乳、鲜奶和牛奶棚

本书主要以"市乳"为主,兼及部分乳制品,如炼奶和奶粉。所谓"市乳"(city milk)就是牛奶在液态时,直接售予消费者饮用的普通新鲜乳汁。①其产地和产品市场,均以大都市及周边区域为限,被学者们称为"城市型乳业",或者"都市型奶业"。②传统畜牧业一直是分散饲养的方式,而城市型乳业却以集中大规模饲养方式为主,消费对象也是城市居民。直至近年,中国乳品消费主要在城市,根据相关调查数据显示,2017 年,我国城镇居民与农村居民人均奶类消费量分别为 16.48 千克、6.9 千克③,结合该年度中国城镇常住人口 8.134 7 亿人,占总人口比重为 58.52% 的数据可知,城镇居民消费的奶制品总量约为农村居民的 3.3 倍。

鲜奶,一般看来是指新鲜乳汁。但从民国以后,鲜奶和生奶有着很大的区别。鲜奶,指"新鲜纯洁乳汁经过完全杀菌,而装瓶分送,直接零售予饮户之液体状态之乳汁而言"。④从这个意义上来讲,它更接近于上文所说的"市乳"。在今天,它的定义更符合联合国食品法典委员会定义的"奶制品"(milk product)。⑤生奶(raw milk),指"饲养管理适当之牝畜,一头或多头,以清洁合理之方法,全部挤出之纯净新鲜乳

---

① 吴信法:《牛乳及其制品》,正中书局 1937 年版,第 133 页。
② 张天才:《养乳牛》,商务印书馆 1950 年版,第 17—19 页。蔡无忌、何正礼编著:《中国现代畜牧兽医史料集》,上海科技出版社 1956 年版,第 3 页。顾佳升:《都市型奶业的产品定位方向》,《乳业科学与技术》2002 年第 2 期,第 51—52 页。
③ 李媛、刘芳:《我国乳制品行业发展现状及趋势分析》,《中国畜牧杂志》2019 年第 4 期,第 146 页。
④ 谢家驹:《乳品学》,浙江文化印刷公司 1948 年版,第 31 页。
⑤ 联合国粮食及农业组织,CODEX GENERAL STANDARD FOR THE USE OF DAIRY TERMS, http://www.codexalimentarius.org/codex-home/en/2013 年 3 月 14 日 15:54 检索。参见张传毅、顾佳升:《翻译英语术语 milk 和 dairy 时的"潜意识"困惑》,《中国乳业》2011 年第 120 期,第 18—21 页。

汁,并含有政府规定之乳脂肪量及无脂固体物"。①

从事鲜奶生产,即成为乳业经营者,按照经营规模大致上可分为乳农、乳商、乳场、乳厂。其中,乳场在民国时期较为多见,又称"牧场",一般在文献中翻译为"dairy farm",在上海还被称为"牛奶棚",在1906年出版的《沪江商业市景图》中就有描述,公共租界工部局于20世纪20年代出版的《上海公共租界发给各项执照章程》和上海市政府卫生局1931年7月颁布的《牛奶棚管理规则》,都从法律上认可了这种称呼。②所以,本书中所涉及的牧场、牛奶棚、牛乳场或牛奶场等,都是指同一类,即英语的"dairy farm"。

二、为什么是近代上海

在中国历史中,上海并不是最早饲养奶牛的城市,但却是最早出现规模化、商品化和现代化生产瓶装鲜奶的城市。尤其是上海,在20世纪30年代已经成为东南沿海拥有乳牛场最多、消费者人数最多的城市。③

表1-1 1937年3月乳牛头数和乳产量统计

城 市	乳牛场	乳牛(头)	每月产乳(磅)
南 京	30	504	114 753
汕 头	17	86	6 940
汉 口	22	277	19 751
杭 州	41	476	252 652
威海卫	4	86	6 723
青 岛	64	670	153 429

资料来源:《统计月报》1937年第28—33期。

---

① 谢家驹:《乳品学》,浙江文化印刷公司1948年版,第30页。
② 《上海市政府公报》1931年第99期,第57—58页。
③ 吴信法:《牛乳及其制品》,正中书局1937年版,第16页;尤志迈:《关于都市牛乳业的意见》,《中国实业》(第1卷第12期)1935年12月,第2276页。

表1-1显示1937年国内(不包括港澳台)各城市中除上海外,青岛的乳牛场最多,牛只数量也最多,每月乳产量也最多。然而,根据工部局1937年统计,公共租界内执照牧场28家,乳牛1 946头,日产牛乳36 042磅,如果以3月有31天计算的话,则当月产量为1 117 302磅;即使在上海进入战时状态后,产量降至每天19 831磅,则每月产量仍在614 761磅,超过表1-1中青岛及其他各城市。①

上海不仅是南方和沿海口岸中牛奶产量和牛只数量最多的城市,也是市场发展较为成熟,管理较为完备的城市。②在20世纪30年代,上海不少牛奶公司的技术较为成熟,有些员工辞职回乡后就自己办起了牛奶场,这对内地的乳品生产技术产生辐射作用。例如福建福康炼乳厂的黄龙裕曾在元元公司做炼乳技术员,回到福建后,在涵江本地与他人合作开设炼乳工业社,很快就在当地建立炼乳厂。③上海乳业的发展和管理在中国城市中具有领先的地位。

本书所指的"近代",是指上海开埠后至20世纪50年代初。牛奶到底何时成为商品,学界未有定论。但一般来说,最迟至1865年左右,徐家汇附近的乡民在水牛哺乳后短暂的泌乳期进行集中挤奶、稀释、过滤蒸煮,并由他们挑担至街市兜售。此后,随着市场的形成,市政当局的管理也逐步介入,至上海市人民政府成立后,牛奶市场已初具规模,且人民政府沿用了此前市政机构的规章制度。所以,本研究的时段从19世纪晚期开始,并主要集中在民国时期。

---

① Licensed Dairies Summary, Annual Report of the Shanghai Municipal Council 1937,上海档案馆藏,(以下为行文方便,将简称为上档),U1-1-950。
② 谢家驹:《乳品学》,浙江文化印刷公司1948年版,第28页。
③ 林安禄:《回忆涵江"福康"炼乳厂》,选自政协福建省莆田县委员会福建省莆田县工商业联合会编:《莆田文史资料》第8辑(工商专辑),第54—57页。

第三节　研究内容和资料

一、资料说明

本书以上海地方为限,所依据的资料以上海档案馆所藏有关档案,及当时本地中外文报刊为主。长期以来,乳品管理缺乏一个统一的主管机关,所以资料十分零散。在早期管理中,特别是公共租界工部局管理时期,留下了大量的文书档案,可以作为今日的研究基础。"上海档案馆藏《上海公共租界工部局年报》《上海公共租界工部局公报》是目前世界上保存最完好的关于上海租界的英文档案。"①从 1861 年开始发行,主要刊载工部局各项工作资料,在 19 世纪 70 年代后,年报的体例趋于规范,以各部门和委员会的工作报告为主。关于上海本地乳业情况,最初从 1875 年开始,只是记录了牛只变动和牛瘟发病情况,随着此后各项管理事务的开展,内容逐渐完备,详细记录了上海市场上牛奶场的变化及各种标准的建立。②1908 年开始,工部局每周出版公报,从 1931 年起,工部局华文处将公报翻译出版了中文版。因此本书中使用的工部局公报,即 The Municipal Gazette,在 1931 年前是英文版,在 1931 年后则为中文版。年报相对于公报来说,在资料性质上更为系统化,连续性较强。

上海档案馆还藏有"1923—1943 年形成的工部局对乳类生产和供应管理的文件材料,有乳品委员会组织章程、会议记录及关于乳品管理的报告,对牧场的行政管理及卫生监督,关于乳场、乳类

---

① 朱政惠、李江涛整理:《上海档案馆藏晚清租界外文文献概况》,于沛主编《清史译丛》第 4 辑,中国人民大学出版社 2005 年版,第 306 页。

② 公共租界工部局年报原文名为 Municipal Report and Budget,以 1879 年为例,题名为 Report for the Year Ended 31st December, 1879 and Budget for the Year Ended 31st December, 1880,(上档)U1-1-1-892)即指 1879 年年报和 1880 年预算两部分,因为本研究只涉及年报部分,也就是 Annual Report of the Shanghai Municipal Council,所以行文中以此为题名。即 Annual Report of the Shanghai Municipal Council 1875—1942,上档,U1-1-888~955。

动物、乳汁管理规章,食品店出售的牛奶牌号及价格,各牧场、农场、牛奶公司牛奶质量、价格及执照申领等文件材料"。①此外,还有28册《工部局董事会议录》也提供了珍贵的参考价值。②这些文献将有助于理解工部局是如何管理上海牛奶市场的。

除了工部局档案外,法租界公董局也对界内牛奶场进行登记和管理,不过,一方面因语言限制,另一方面,公董局管理制定的相关政策,在许多方面和工部局政策有很多相似之处,本书不作为重点考察。

在利用市政当局的资料之外,上海市乳品业同业公会全宗也是重要史料。目前,上海市档案馆藏乳品业同业公会卷宗缺少1923年成立到1941年的档案,包括会员名册和会议记录。1946年以后,档案虽有增多,但仍不齐全,且没有民国上海市社会局和上海市商会的文件。所以,本研究主要使用的是1941年至1950年公会会议记录。③

本书还将同时辅以《申报》、《字林西报》(*North China Daily News*)、《北华捷报》(*North China Herald*)、《新民报》等本地报刊。《申报》在1949年前一直是上海众多报纸中最具有影响力,华人较为青睐的报纸之一,因其历史悠久,传播广泛,在上海话中一度成为报纸的代名词。《北华捷报》是上海最早出版的英文报纸,与《字林西报》合并后成为其附刊。《字林西报》曾被工部局指定刊登董事会议记录和纳税人会议记录,被称为租界工部局的"喉舌",在上海外侨中影响很大,代表广大外侨利益。这些报纸从另一个侧面,提供研究资料,展现当时的舆论氛围和社会环境。

---

① 《上海档案志》编纂委员会:《上海档案志》,上海社会科学院出版社1999年版,第108页。
② 上海市档案馆编:《工部局董事会议录》,上海古籍出版社2001年版。
③ 《上海市乳品业(牛乳商业)同业公会全宗简介(解放前)》,1981年12月31日,上海市工商联内部资料。

二、研究内容

第一章为本书导言,主要介绍以往研究、定义研究对象和说明史料情况。

第二章主要聚焦20世纪20年代之前。牛奶作为西方侨民一种重要的日常饮料,日渐受到公共租界工部局的重视,后者在上海牛奶制度从无到有过程中,扮演着重要的角色。以往对牛奶制度的研究缺乏细致的描述,对牛奶制度的建立往往流于列举,而不曾探讨过程中的复杂性。本章力图在梳理史实的过程中,描述工部局在建立牛奶制度时面临的各种挑战以及背后所隐含的政治权力。

第三章以20世纪二三十年代为主要时段,侧重探讨在工部局的引导下,确立了牛奶等级制度,并进一步加强了消毒牛奶的重要地位。在等级制度影响下,消毒牛奶开始取得市场优势。

第四章运用了报刊广告为主要资料,尝试分析除鲜牛奶之外,以炼奶和奶粉为主的代乳品市场。以往的讨论多侧重观念史的角度,讨论乳业知识的传播,缺乏从厂商的角度来观察乳品市场。笔者认为,唯有乳产品充分供应后,民众对牛奶的知识才形成实践的基础。本章在论述乳业话语的形成,以及代乳品对母乳造成的冲击外,还将描述华洋厂商之间的竞争。以雀巢公司为代表的外商,其早期在华的经营方式,成功打开了中国市场。而20世纪初的民族主义情绪,也为华商发展带来了契机。双方在商标案中的较量也反映了华商发展中的一些问题。

第五章探讨20世纪40年代在战时特殊状态下,乳品行业内外部环境的变化导致了市政当局不得不出台新的政策。战时体制迫使商人选择与日本侵略军"合作",这种"合作"关系在1945年抗战胜利后,被定义为"汉奸"行为,相关商人受到严重打击。同时随着抗战胜利,本地乳业并没有迎来繁荣发展,反而因市面上大量的救济奶粉和进口奶粉,陷入营业困顿,政府无力救市,鲜奶生产商也无力摆脱这种低迷的局面。

第六章讨论在制度影响下的同业公会。两个公会是以是否具备巴氏消毒设备为区别。同业公会研究伴随商人团体研究的兴盛而逐渐成为学术热点。目前中国学界对于同业公会与政府关系的研究时段主要在1937年抗战全面爆发前,①20世纪50年代以来开始有论著关注到抗战至1949年前的同业公会命运。②少部分论著涉及20世纪50年代前期同业公会发展情形。③但是后者之研究多从政府整体政策而言,对章程和法令在执行落实中所产生的问题缺少具体分析。本章将通过对乳业公会内部纠纷的梳理,呈现行业内差异的实质。

最后的结语从消费和制度两方面概述全书。笔者认为,近代上海乳业市场被纳入卫生体制后,经历了混乱到有序,这得益于以工部局为首的市政当局建立并实施的各项标准和制度。特别是牛奶消毒这一措施,对今天的日常生活仍然发挥着重要的影响。

---

① 参见魏文享:《中间组织:近代工商同业公会研究1918—1949》,华中师范大学出版社2007年版,第30页。
② 参见王春英:《"统制"与"合作":中日战争时期的上海商人(1937—1945)》,复旦大学博士学位论文,2009年,第46页。
③ 参见魏文享:《专业与统战:建国初期中共对工商同业公会的改造策略》,《安徽史学》2008年第2期,第88页。

第二章 从无到有:近代上海乳业制度的初创

第一节 牛奶商品化

一、乳牛进口及本地化

上海开埠以后,蜂拥而至的西方人带来了他们母国的生活习惯,喝牛奶就是欧美城市居民的主要日常习惯之一。然而,江南一带一直以种植业为主,缺乏乳用牛种,因此,想要喝牛奶的侨民只能在本地水牛或者黄牛的泌乳期才能喝上牛奶。这种现象不仅仅发生在上海,香港等处也都有过以耕牛取乳的历史。①

1869年,苏伊士运河通航,原产于英国的爱尔夏牛(Ayrshire)远渡重洋,成为首批进入上海滩的乳用型牛种。随后,原产于法国东南部的红白花牛(Pierouge des Plaines)也被法国侨民带入上海。到1901年,上海徐家汇天主堂修女院将一种荷兰产的"黑白花奶牛"引进沪上,这种牛也被称作荷斯坦牛(Holstein-Friesian),是后来上海荷斯坦奶牛的基础。荷兰奶牛即使在今天,仍是世界上单产最高,饲养数量最多的奶牛,更何况100多年前的上海。因此,"黑白花奶牛"受到了当时学者及养牛人的追捧。

---

① 在香港,有人称此为"庭院奶牛"。见曹幸穗与苏天旺:《香港开埠早期的奶牛业(1842—1899)》,《古今农业》2011年第2期,第105—113页;曹幸穗与张苏:《日本占领时期的台湾乳畜饲养与乳品生产》,《古今农业》2009年第3期,第79—87页。

境外奶牛传入中国饲养后,已有不少农学专家开始意识到蓄养奶牛具有丰厚的经济利益,并在报刊上不断宣扬和鼓吹养奶牛的好处。最早开始宣传的是罗振玉在上海创办的《农学报》,罗振玉本人就曾倡议引进荷兰良种奶牛。① 而当时西方发达的畜牧经济也引起了国内学者的注意,《万国公报》《农学报》等翻译介绍西方科技知识的新报刊都曾刊登过国外乳牛业的有关情况,还建议国内也可以效法,"中国蒙古多牛,若照美国取乳作油作饼售予西人,亦一大生意也,其如置之无用何哉"。②《农学报》还用较大篇幅刊载了日本人河相大三所撰写的《牛乳新书》,其中对良种乳牛的标准解说得非常详细。③

不过,这些知识还无法在中国人中作为实际来运用,因为进口奶牛都控制在外商牧场手中,外商对奶牛的管理极为严格,为了防止珍贵的奶牛外流,采取了各种严防死守的办法。例如,可的牛奶公司(Culty Dairy Co. Ltd.)在浦东农村雇用农民作为饲养员,由外国人负责管理,为了防止乳牛外流,特别是为了防止场内中国人将乳牛带至场外谋利,淘汰的乳牛必须交回毛皮,以免屠宰时掉包,还在牛耳上刺号标记,以免乳牛流入华人之手。④

即使这样,在牧场工作的中国人还是想尽办法将这种荷兰牛偷了出来。1890年的一天夜里,日商"爱光社"牛奶公司(Aikosha Dairy)的一头黑白花母牛产下两头小牛,双胞胎在奶牛繁殖中非常难得。当时在"爱光社"工作的一位中国员工顾华金只上报了一头小公牛,将另一头小公牛乘日本管理者睡觉的时候,偷偷带出

---

① 罗振玉:《论农业移植及改良》下,《农事私议》卷上,1900年。
② 《大美国事:牛乳利厚》,《万国公报》1876年第412期,第24页。
③ [日]河相大三著,沈纮译:《牛乳新书(未完)》,《农学报》第112册,1900年7月。[日]河相大三著,沈纮译:《牛乳新书(续完)》,《农学报》第113册,1900年8月。
④ 徐根涛等:《川沙奶牛发展简史》,政协川沙县委员会文史资料委员会:《川沙文史资料》第1辑,1989年,第72页。

牧场，转移到川沙的朋友家饲养，并用本地耕牛的奶来喂养。等它长大后，让其与本地黄牛进行杂交，第一代俗称"二夹种"，第二代以后俗称"倒二夹"。这种杂交牛体形上酷似纯种奶牛，且耐粗放饲养，产奶量高，抗病力强。于是杂交繁育盛行，牛群扩大，一度被称为"川沙奶牛"，后来发展至宝山、罗店、大场、真如、南翔等近郊地区。①至1925年，因川沙一地养奶牛，特别是进口奶牛的人众多，以至于县议事会上，有议员提议征收"洋种乳牛捐"，以补充地方财政，但这项捐税在开办一年后即停止征收。②

表2-1　上海本地华人经营的牛奶棚及用于挤奶的牛头数统计

年份	经营户数	用于挤奶的牛只头数
1882	21	298
1883	21	270
1888	27	491
1889		535
1890		548
1891		589
1892		550
1893	31	577
1894	39	600
1895	36	422
1896		596

资料来源：王毓峰与沈延成《上海市牛乳业发展史》，《上海畜牧兽医通讯》1984年第6期，第3页。

---

① 张银根：《浦东早期奶牛业的兴起》，唐国良主编《近代浦东散记》，上海社会科学院出版社2009年版，第206页。王毓峰、沈延成：《上海市奶牛引种考证》，《上海畜牧兽医通讯》第1期，第32—34页。

② （民国）《川沙县志》卷八，《洋种牛捐》。

二、半农半商

中国人认为牛奶"性热","宜冬不宜夏",所以销售牛奶以冬季为旺季,夏季为淡季。农民们在秋冬进入农闲时,将牛从浦东及上海周边农村牵往当时华界的新闸和八仙桥一带,寄养在亲友的奶棚中,利用产犊后的牛在喂乳后短暂的泌乳期进行集中挤奶,并在市场上出售,待至春天天气渐暖,乳牛产量降低,清明后,农事开始繁忙后,农民们再回乡从事耕种。这种副业性质的经营方式,成本较低,获利较少,但仍能补贴一部分日常生活开支。①

从事这项副业的乡民越来越多,牛奶开始成为商品出现在上海市场。②

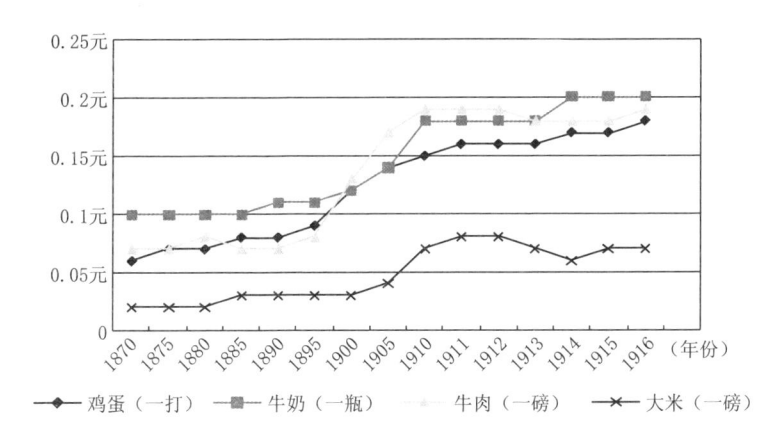

图 2-1　1870—1915 年公共租界市场上四种主要商品价格

资料来源:Variation in Prices of some Common Domestic Things, Annual Report of the Shanghai Municipal Council, 1912 年,上档,U1-1-925。

如果将图 2-1 中的单位都换算成克的话。那么一打鸡蛋 12

---

① 王树基:《上海之牛乳业》,《国际贸易导报》1933 年第 5 卷第 8 期,第 168—170 页。
② Variation in Prices of some Common Domestic Things, Annual Report of the Shanghai Municipal Council 1912,上档,U1-1-925。

个,大约为600克;当时牛奶瓶用啤酒瓶装,大约为650毫升,即约为650克;一磅牛肉或一磅大米约为453克。可见,在46年间牛奶价格上升较快,还是一种有利可图的商品。

越来越多本地农民在利益的驱动下,开始利用自家耕牛挤乳出售。有些农民发现,将奶牛出售给牧场,还不如将奶牛养大后用来挤奶出售,于是他们租用浦东沿江一带的船厂、豆芽作坊的空房子,将奶牛牵入饲养,挤奶装瓶后,用箩筐背到南市兜售。①浦东的杨协记、生记②、陈森记③等牧场纷纷开设,这些由农户饲养转化而来的小牧场,可以看成是已经脱离了农业生产的专业户。他们的资本小,一般少则几百元,多则5 000元,饲养的牛只大多在10头以内,其所养的奶牛品种不佳,产乳量较低,"每日多则十三四磅,少则五六磅耳"④,无力负担如荷斯坦等高产乳量的良种奶牛。这些牧场的雇工只有一二人,有些是全家参与劳动的,很少有牧场雇用三人以上。⑤

尽管这些牛奶是生产在华界及上海周边农村地区,但销售区域却在公共租界和法租界范围内。"半农半商"的经营方式,是上海近代近郊农村城乡产品交流,农村经济与城市经济互动发展的结果。⑥这种商品化经营方式很快就受到了公共租界工部局的关注。

---

① 徐根涛等:《川沙奶牛发展简史》,政协川沙县委员会文史资料委员会《川沙文史资料》第1辑,1989年,第75页。
② 徐根涛等:《川沙的奶牛发展史》,政协川沙县委员会文史资料委员会《川沙文史资料》第5辑,1989年,第3页。
③ 1884年开设,主要面向吴淞口各国兵舰。(民国)《宝山县续志》,卷六,民国十年铅印本。
④ 吴德铭:《浦东乳牛事业调查报告》,《农学》1926年第3期,第2页。
⑤ 王树基:《上海之牛乳业》,第168—170页。
⑥ "靠城吃城"的说法见熊月之主编:《上海通史》第八卷(民国经济),上海人民出版社1999年版,第232页。

第二节 执照准入

一、可怕的牛瘟

只有健康的牛只才能提供品质良好的牛奶。然而,工部局成立后不久就发现上海出现了当时流行于欧洲的牛瘟(Rinderpest,也称"Cattle Plague"),后者极易在潮湿炎热的环境中滋生。1871年7月,上海公共租界工部局菜场稽查员基尔(O.K.Keele)向董事会报告本地一家外国人开设的牛奶棚爆发牛瘟,并得到有关医生的证明,他建议工部局立刻采取措施应对。董事会授予其临时权力处置市场上有问题的牛只。①第二年8月,北京发现牛瘟;9月,上海周边的镇江、丹阳和扬州等地先后发现牛瘟,并逐渐蔓延至沪上,日本政府于8月颁布法令,禁止从上海进口牛只。但这并没有阻止牛瘟从上海被传播到长崎,很快日本国内就发现牛瘟。据当时的卫生官爱德华·亨德森(Edward Henderson)报告称,1872年的第一起牛瘟案例是发生在卫生稽查员自己的牛奶棚里,据推测,在牛瘟发生前,稽查员基尔向法国火轮船公司(French Mail Steamers)购买了4头牛,随后就发现疑似牛瘟的情况,一个月内,基尔牛棚里的38头牛减少到13头。到1872年末,有40头租界内的进口牛只被感染牛瘟,仅有1头痊愈。②

这场牛瘟传染性极强,传播速度很快,而且极为致命,并延续至1873年,直接导致外侨损失了160头奶牛,价值高达2万两(此处单位为海关两),另有约100头本地水牛被感染至死。1874年,上海病牛的样本被基尔带往伦敦,经兽医证实,上海在1871年至

---

① 《工部局董事会议录》第5册,第557页。王毓峰认为工部局对牛奶棚的管理始于1882年。根据《工部局董事会议录》来看,工部局菜场稽查员自1871年后就将牛奶棚纳入管理范围,定期检查。

② The Watch Committee's Report, Annual Report of the Shanghai Municipal Council 1873, 上档, U1-1-887。

1873 年爆发的牛瘟和英国在 1865 年及 1872 年的牛瘟是同一种疾病。①

此后,这一情况反复发生。1879 年,牛瘟再次大规模爆发,导致上海本地牛只大量被感染,亦有外国人所蓄养的奶牛被传染,有一家外国人开设的牛棚内原有 200 多头牛,牛瘟爆发一个月后,就死亡了 170 多头,损失严重。在这种严峻的情况下,报刊也警告读者谨慎食用牛奶。②日本驻沪大使向本国报告了上海的牛瘟情况后,日本再次下令禁止进口上海牛只,以防传染。③之后,上海一直时有爆发牛瘟。1895 年爆发牛瘟后,根据稽查员统计,相比 1894 年,牛只存栏数从 600 头减少到 422 头。

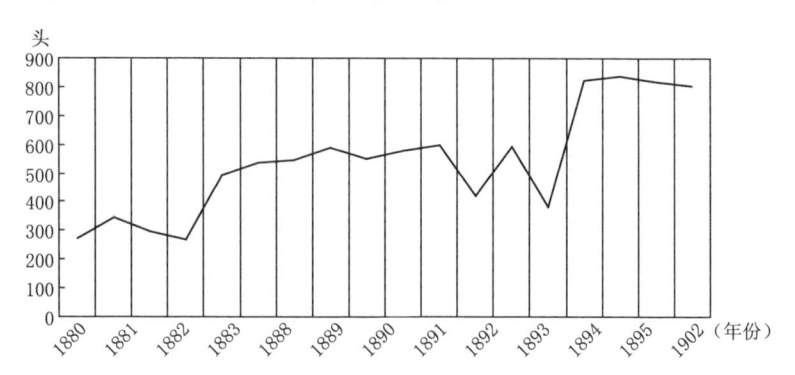

图 2-2　1880—1902 年工部局统计之牛只(包括母牛、小牛和公牛)数量

资料来源:Dairies, Annual Report of the Shanghai Municipal Council 1880—1902,上档,U1-1-893～915。

(一) 获取权力

迅猛的牛瘟引起了租界的恐慌,不过工部局发现他们没有权

---

① Cattle Plague and Public Slaughter Houses, Annual Report of the Shanghai Municipal Council 1874,上档,U1-1-887。

② 《各国记事:牛乳宜慎》,《万国公报》1879 年第 569 期,第 11—12 页。《牛瘟可虑》,《申报》1879 年 12 月 10 日,第 2 版。

③ 《预防牛瘟》,《申报》1879 年 12 月 16 日,第 2 版。

力处置那些不适宜食用的市售肉类。

1872年7月,菜场稽查员基尔没收了一家华人肉铺的病牛肉后,店主向英皇在华高等法院(H.B.M.'s Supreme Court for China,又称"大英按察使司衙门")起诉,虽然法庭站在工部局一方,支持稽查员没收病牛肉,但又不得不承认作为被告的稽查员的确没有权力没收原告的病牛肉。当时,作为工部局顾问律师,同时也是工部局董事的哈华托(William Harwood)认为,工部局在1872年的决议并不具备法律效益,应当尽快制定一则有关没收病肉的附律,且须经董事会、各国领事和纳税人会议批准后生效。①

董事会中有人认为此法庭的这项举措是将工部局的手脚"捆绑"起来了,阻碍工部局在租界内的卫生建设。8月5日,工部局通过有关病害肉类的附律,限定出售染病牛只。②9月28日,上海道授权菜场稽查员对八仙桥地区的病害牛肉类进行检查和没收。③11月16日,经纳税人会议批准后,工部局发布第399号命令,正式授予基尔没收公共租界内病害牛肉类的权力。④

(二)防范牛瘟

早在1871年牛瘟爆发前,市场稽查员就已经开展针对本地市场上的牛棚和屠宰场的日常检查,一旦发现有牛只生病,尤其是疑似牛瘟后,业主和稽查员会立即上报工部局,由卫生官查验后确定是否感染,如果确诊为牛瘟,牛只立即被屠宰或隔离,尸体上覆盖生石灰和石碳酸。⑤其他健康牛只为避免感染会被转移至附近农

---

① 《工部局董事会议录》第5册,第562、564页。
② 《工部局董事会议录》第5册,第567页。Mr. Keele reports, Annual Report of the Shanghai Municipal Council 1873,上档,U1-1-886。
③ 《工部局董事会议录》第5册,第579页。
④ 《工部局董事会议录》第5册,第592页。
⑤ 《工部局董事会议录》第7册,第755页。Cattle Plague, Annual Report of the Shanghai Municipal Council 1881,上档,U1-1-894。

村,部分发生疫情的牛奶棚会被彻底焚烧销毁,以免病菌传染。①

19世纪末上海辖区范围内牛棚,多聚集在华界的新闸和八仙桥一带,乡民们每天早晚将牛牵出吃草或入河洗澡。特别是八仙桥地区,由于此地在1871年形成了一个菜市场,既有华人光顾,也有两租界的外国人来此买菜,被称作"华洋菜场",周边聚集了许多牛棚和肉店,也成为工部局卫生稽查员的重点关注对象。1883年9月3日,工部局菜场稽查员豪斯(John Howes)建议工部局增设助理稽查员以应付日益繁重的牛奶场检查工作。②

卫生稽查员认为八仙桥是牛瘟的病源。当时上海的牛只除了来自浦东之外,就主要依靠苏州河的运输。由苏州河运输而来的动物在极司非尔路(今万航渡路)上岸后,八仙桥地区的牛行和肉店就会前去购买,附近的华人居民是主要的消费者。稽查员还发现,一旦有动物生病、死亡,或疑似患病,也都会被送到这里。③卫生稽查员在报告中极力要求在公共租界内建立一个公共屠宰场,这样可以获取对牛只宰杀的监督权。事实上,1873年12月,八仙桥附近就曾爆发小范围牛瘟,导致该地区牛只损失严重。《申报》在报道时认为此次事件乃是本地人将屠宰的牛只堆积且不注重卫生引起的。④在1873年1月,八仙桥不少牛棚都是空的,周遭农村的业主对此前的牛瘟仍心有余悸,担心会有更大的损失。⑤

法租界公董局于1895年在八仙桥地区的褚家桥(今西藏南路,寿宁路至桃源路一带)设立屠宰场,之后又设立收容待宰牛羊

---

① Cattle Plague, Annual Report of the Shanghai Municipal Council 1896, 上档, U1-1-909。
② 《工部局董事会议录》第8册,第530页。
③ Rinderpest,《对奶牛场、牛奶供应问题的建议、有关电力供应、煤气供应等文件》,上档,U1-2-209。
④ 《瘟牛盛行》,《申报》1873年12月24日,第2版。
⑤ Mr. Keele reports, Annual Report of the Shanghai Municipal Council 1873, 上档, U1-1-886。

的"牛行"。①工部局在获得法租界的许可后,稽查员可以定期拜访八仙桥的牛行,对奶牛的变动给予特别关注。②

(三) 肮脏的环境

1897年8月31日,工部局总办濮兰德(John Otway Percy Bland)收到来自卫生委员会稽查员的信,这封信是由当时卫生委员会主席要求稽查员对上海牛奶市场所作的调查,卫生稽查员在报告中给出了改善建议。调查主要针对当时牛奶棚内所采用的水质、牛奶棚内的排水设备以及通风设施,此外,还包括防范牛瘟的措施。③这封信件对于之后工部局颁布的一系列政策有着深远的影响。

卫生稽查员在报告中称,当时上海本地牛奶的生产环境问题颇多。

第一,生产用水水质堪忧。作为水源地的苏州河、本地水井、池塘多被认为水质肮脏,且牛奶棚用这些水来清洗奶瓶时根本不会将其煮沸。④稽查员提到大英牛奶棚的肖先生(Mr. Shaw)曾经在一周内损失了40头牛,据推测,原因就是这些牛在苏州河喝水时,附近正好停留了装载病牛的船,河水被污染以后,将瘟病传染给了肖先生的牛。⑤这些不干净的水甚至被掺入牛奶内,成为疾病的源泉,如霍乱,在当时主要通过三种途径传播:空气、水和牛奶。

---

① 《上海畜牧兽医通讯》编辑部:《上海屠宰卫生检验五十年来的演变》,《上海畜牧兽医通讯》1986年第5期,第43页。
② Cattle at Pah Hasien-jao, Annual Report of the Shanghai Municipal Council 1896,上档,U1-1-909。
③ Letter to the Secretary,《对奶牛场、牛奶供应问题的建议、有关电力供应、煤气供应等文件》1897年8月31日,上档,U1-2-1105。
④ Milk Supply, Annual Report of the Shanghai Municipal Council 1898,上档,U1-1-911,第120页。
⑤ Rinderpest Memorandum,《对奶牛场、牛奶供应问题的建议、有关电力供应、煤气供应等文件》,上档,U1-2-209。

前两者自不必言说，而牛奶正逐渐成为新的感染源。工部局医院中就发现有两位疑似感染霍乱的病人，他们所喝的牛奶中掺有不干净的水。①

第二，大多数牛奶棚缺乏必要的排水系统。生产用水都被积存在蓄水池中，有些看起来就像一个污泥塘。即使部分建有排水系统的牛奶棚，污水也只是被排出屋外。工部局建设排水系统的目的，就在于排出污水，杜绝传染病的产生。所以，此项问题被看成是和确保生产用水水质同等重要。

第三，通风问题被多数牛奶棚忽略。上海炎热潮湿的气候易使奶牛罹患肺部及皮肤疾病，产出的牛奶也会随之一并感染。鉴于此，稽查员特别提到肺结核的问题。②1898年工部局兽医报告曾表明，人们所患的结核病有50%是被牛只传染的。虽然不知道上海及周边地区有多少牛只被感染，不过，根据当时英国25%—30%的乳牛结核病感染率，联系上海适宜结核病传播的气候和环境，兽医官由此推测本地牛只也一定有感染结核病。

此外，兽医官认为1897年爆发的多次牛瘟并完全是因为恶劣的自然环境。③换句话说，在工部局看来，牛瘟的产生更多要归因于"人为因素"。④

二、冲突与合作

肮脏的环境固然是导致牛瘟频频爆发的"祸首"，让卫生官和稽查员烦心的，还有出现在租界内外的各种不合作的态度。

---

① Macpherson, Kerrie. *A Wilderness of Marshes: the Origins of Public Health in Shanghai, 1843—1893*. Hong Kong; New York: Oxford University Press. 1987. pp.127—128.

② Letter to the Secretary,《对奶牛场、牛奶供应问题的建议、有关电力供应、煤气供应等文件》1897年8月31日，上档，U1-2-1105。

③ Veterinary Surgeons' Report, Annual Report of the Shanghai Municipal Councill 1898，上档，U1-1-911。

④ Milk Supply, Annual Report of the Shanghai Municipal Council 1898，上档，U1-1-911。

第二章　从无到有：近代上海乳业制度的初创

这种不合作的态度首先出现在租界内部和租界之间。1873年7月10日,卫生稽查员基尔(O.R.Keele)在九江路湖北路发现一头染病的小公牛,6天后,他发现,这头被下令不许宰杀的小公牛在八仙桥被宰杀出售。①而紧邻八仙桥的法租界却在报纸上否认界内牛瘟的存在。

市场稽查员随后在报告中写道,他曾在6月22日发现法租界内有两家肉店待宰杀的牛只明显有牛瘟的症状。他买了这几头牛后交给工部局兽医,后者验尸后确认了这一判断。6月29日,稽查员基尔又在法租界的一家屠宰场再次发现牛瘟疫情,他买下这些肉并带给工部局兽医官验尸后,发现确系牛瘟。②这也就证实当时法租界确有牛瘟存在。

遗憾的是,法租界方面对此并没有采取任何有力措施,业主们也没有引起足够重视,这也导致了1873年八仙桥地区大量牛只死亡。③

在工部局董事们的眼里,法租界的卫生管理效率并不很好,在肉类检查上"粗枝大叶"。④

在公共租界内部,卫生稽查员的工作也遭到了阻力。在检查租界内外国人所开设的牛奶棚时,西人业主反对稽查员的检查。1891年6月30日的董事会议中,会议讨论了关于西人牛奶棚检查的问题。此前,这些西人业主认为自己所开设的牛奶棚已经聘请了卫生官爱德华·亨德森作为私人医生定期检查,故反对卫生稽查员再次检查。有人甚至认为董事会无权做出如此

---

① Mr. Keele reports, Annual Report of the Shanghai Municipal Council 1873,上档,U1-1-886。
② Sanitary Department, Annual Report of the Shanghai Municipal Council 1873,上档,U1-1-886。
③ The Watch Committee's Report, Annual Report of the Shanghai Municipal Councill 1874,上档,U1-1-887。
④ 《工部局董事会议录》第15册,第589页。

的决定。①工部局为此做出让步,只是让卫生稽查员一旦发现有牛只生病,就向董事会汇报。②1892年初,亨德森在给董事会的信中称,他是作为私人医生被这些业主们聘用的,尽管自己还担任卫生官一职,却不能将业主们定期检查报告送交工部局,那些西人业主也不愿意向工部局报告自己的牛奶场情况。他建议工部局为防止疫情爆发应当对所有牛奶棚实行强制措施。董事们接受了卫生官的建议,并通告租界内西人牛奶棚主必须接受工部局的官方检查。③不过,这项决议很快遭到了2家西人牛奶棚主的反对,大英牛奶棚主反对检查是因为担心会传染到华人牛奶棚的病菌。而霍尔先生认为自己是在法租界注册,故公共租界没有权利强制进行检查。对此,有董事认为对租界内中西牛奶棚应当一视同仁。其他董事亦表赞同。④但大英牛奶棚业主仍以害怕稽查员传染病菌为由,拒绝接受检查。董事会认为,西人牛奶棚只要在发生疫情时向工部局报告即可。且大英牛奶棚已有三位医生定期检查,疫情发生时也能即时向工部局报告,默许其维持原状。⑤1894年3月13日,董事会再次讨论是否所有牛奶棚都要接受工部局检查,最后决定,只要在工部局每周公报中注明"稽查员未检查西人牛奶棚"即可。⑥至此,关于西人牛奶棚的医检问题不了了之,直到1897年,工部局卫生稽查员对外侨经营的牛奶棚都缺乏检查的权力。⑦

其次是工部局不得不借助华界当局,以取得本地牛奶棚的控

---

① 《工部局董事会议录》第10册,第749页。
② 《工部局董事会议录》第10册,第785页。
③ 《工部局董事会议录》第10册,第797页。
④ 《工部局董事会议录》第10册,第798页。
⑤ 《工部局董事会议录》第10册,第800页。
⑥ 《工部局董事会议录》第11册,第610页。
⑦ Letter to the Secreaty,《对奶牛场、牛奶供应问题的建议、有关电力供应、煤气供应等文件》,1897年8月31日,上档,U1-2-209。

制权。

  公共租界在1892年曾于虹口建设一座大型屠宰场,但是本地牛行并不愿意离开八仙桥。稽查员曾在报告中提到,本地有牛的农民和牛商对卫生工作有很大的排斥,必须借助中国政府的协助,以取得界外管理的权力。①工部局兽医处提议在极司非尔路建造三个隔离牛棚,希望将八仙桥地区的牛棚都迁移至虹口或者设法关闭,还希望能得到上海道台的允许,禁止八仙桥地区的牲畜进入租界。②

  1893年10月17日,工部局卫生稽查员提出,在上报华人牛奶棚病害情况的同时,能"阻止不清洁和管理不善的牛奶棚将牛奶、白脱油等送进租界"。③1895年,牛瘟先后在新闸和八仙桥一带爆发,导致八仙桥地区的40头牛只死亡,工部局警告居民对八仙桥地区出品的牛奶必须谨慎饮用。11月,新闸一带又发生牛疫,短短一周内华人牛奶棚牛只存栏数锐减138头。稽查员认为华人牛奶棚业主对卫生环境漠不关心,每当暴发疾病时,他们都不采取任何防止疾病传播的办法,甚至也不使用免费提供给他们的消毒剂。④

  卫生委员会将此次牛瘟的爆发,归咎于华人业主不采取任何防范措施。由于这些牛奶棚处于租界之外,工部局无法管束,然而前者又是租界牛奶的主要来源,故1895年11月26日的工部局董事会上,有董事提出发放牛奶棚执照并规定只有持执照者才能在租界内出售牛奶。⑤1896年12月15日的董事会议上宣读了工部

---

① Cattle and The Milk Supply, Annual Report of the Shanghai Municipal Councill 1895,上档,U1-1-908。
② Rinderpest Memorandum,《对奶牛场、牛奶供应问题的建议、有关电力供应、煤气供应等文件》,上档,U1-2-209。
③ 《工部局董事会议录》第11册,第581页。
④ Dairies, Annual Report of the Shanghai Municipal Councill 1895,上档 U1-1-908。
⑤ 《工部局董事会议录》第12册,第508页。

局卫生官的信,信中要求中国当局禁止奶牛流动,并要求会审公廨配合发布告示。①由于租界内牛瘟再次爆发,工部局卫生稽查员建议"一切华人牛奶棚的牛奶,都应煮沸后方可饮用"。②

1897年沪上再次爆发牛瘟。8月23日,工部局总董伯克(A.R.Burkill)致函驻沪领事团领袖领事施妥博(Otto Von Stuebel),希望由他出面向上海道提出,禁止病牛转移和出售。施妥博随即向上海道提出请求并获同意,随即于9月2日正式通告所有本地牛奶棚。③不过,仍有冒风险违反规定者。9月19日,吴淞路上一家染病牛棚的业主将一头牛牵往新闸路。此人被告发并罚款30元。④工部局总办处于10月发布第1216号通告,规定从1898年1月1日起,在租界内"出售牛乳牛乳油牛乳饼以及牛乳所制各物"必须领有工部局发给的执照,有违此项条例者,"将所有各货充公"。⑤随后,此项措施得到法租界公董局的支持,两租界在此问题上展开合作。⑥一个月后,经过卫生委员会主席修正,并得到警备委员会同意的《牛奶棚规则》中文版被发给各华人牛奶棚主。⑦11月,工部局发布第1228号通告,声明自1898年1月1日起,工部局牛棚不再接受来自八仙桥的牛只。⑧

---

① 《工部局董事会议录》第12册,第575页。

② 《工部局董事会议录》第12册,第577页。

③ Cattle at Pah Hsien-jao, Annual Report of the Shanghai Municipal Council 1897,上档,U1-1-910。

④ Watch Matters, Annual Report of the Shanghai Municipal Council 1897,上档,U1-1-910。

⑤ 《第一千二百十六号通告》,《申报》1897年10月16日,第6版。《中外交涉条则:上海英工部局牛乳棚执照示》,《萃报》1898年第12册,第10页。

⑥ Inspection of Dairies, Annual Report of the Shanghai Municipal Council 1897,上档,U1-1-910。

⑦ 《工部局董事会议录》第13册,第540、544页。

⑧ Inspection of Dairies, Annual Report of the Shanghai Municipal Council 1897,上档,U1-1-910。《工部局董事会议录》第13册,第542页。

鉴于本地奶棚卫生条件一再被诟病。①1897年9月28日，工部局董事会所有董事一致要求写信给领事，向上海道台申请，"要求道台使所有的牛奶棚都置于工部局监督下，并由工部局发给执照"。但领事回信说，这种要求可能不会被上海道台批准，不如改成"阻止那些拒绝领取执照的牛奶棚把他们的产品运进租界"，董事会批准此建议，并希望领事转告上海道台，通知华人牛奶棚主遵守规定。②

上海道台得知后对总领事表示，华人牛奶棚的条件已有相当改善。对那些条件差的牛奶棚，可先颁发"试用执照"并促其尽快改进如不然再收回执照。③但工部局仍然按照原计划对界内牛奶棚发放执照。公董局也支持这一举措，亦规定自1898年开始法租界内牛奶棚必须遵照相应规章才得领取执照，同时要求每日查验牛奶。④因此，工部局在1898年开始正式实行执照准入，是年，共计23家牛奶棚获取执照，上海道台也于同年承认工部局领照的卫生规则。⑤其中，6家属于外侨，17家属于本地华人，还有30家本地华人奶棚未获得执照。这30家无照者，为维持生计，仍在租界内暗地经营。送奶工将牛奶瓶放入口袋或者掩盖在衣物下，偷偷送给顾客，并收取相比执照奶棚更为便宜的价格。稽查员对消费者如此纵容无照经营者，大为叹息。⑥

三、规则和影响

卫生稽查员曾在1896年的《上海租界工部局年报》中提到，

---

① ③　Inspection of Dairies, Annual Report of the Shanghai Municipal Council 1897, 上档，U1-1-910。

② 《工部局董事会议录》1897年10月5日，第13册，第536页。

④ 《作伪议罚》，《申报》1898年3月6日，第3版。

⑤ Summary of Proceedings During the Year 1898, Annual Report of the Shanghai Municipal Council 1898, 上档，U1-1-911。

⑥ Milk Supply, Annual Report of the Shanghai Municipal Council 1898, 上档，U1-1-911。

他致力于劝说牛奶棚业主们在牛棚外单独辟出一个用于存放牛奶以及将牛奶装瓶的房间,即要求人、畜、奶三者分离。但是这种劝说效果甚微。①1898年,稽查员再次提到,执照奶棚必须具备排水系统。在执照发放过程中,对水源供应予以特别关注,起码要有专门的供水管道,有些则有水龙头,即使没有专门供水设备,也必须用一个密闭容器在附近的供水设备中取水。②至1899年,卫生稽查员宣称消灭了租界内无照经营者,所有牛奶棚都符合工部局的卫生规则,都具有排水设备。③

1898年1月1日开始实行的工部局《牛奶棚规则》,是上海第一个有关乳品的卫生制度,内容包括:

1. 奶牛必须打上标记,以便识别(在稽查员提出要求时)。奶牛必须安置在专为奶牛使用的牛棚内,不得过分拥挤。

2. 牛棚必须光线充足,通风良好,地面坚实,排水良好,离开粪坑至少6码。粪坑每天至少清扫一次。

3. 牛奶棚内全部用水,其汲取及贮藏办法必须经工部局兽医批准。

4. 凡产下牛犊10天之内的奶牛、病牛、乳房及乳头患有疾病或阴道出水的奶牛,其所产牛奶不得向客户供应。牛奶中不准掺水或掺假。

5. 在挤牛奶之前,挤奶人双手、奶牛乳头及乳房必须用

---

① Inspection of Dairies, Annual Report of the Shanghai Municipal Council 1896,上档,U1-1-909。关于这种说法,请参见王毓峰、沈延成:《上海市牛乳业发展史》,《上海畜牧兽医通讯》1984年第6期,第3页。

② Licensed Native Dairies, Inspection of Dairies Annual Report of the Shanghai Municipal Council 1898,上档,U1-1-911。

③ Milk Supply, Annual Report of the Shanghai Municipal Council 1899,上档,U1-1-912。

干净温水彻底冲洗。

6. 所有装牛奶的器皿必须用开水浇过,煮开水的锅必须远离并且不能用来煮人吃的或牛吃的食物。

7. 牛奶贮存、装瓶以及制奶油必须在专用房间内进行。房间以及其中各种设施必须保持彻底清洁。房间的地面应该用石头或水泥铺砌。

8. 挤奶人在挤奶时,其他人员在处理牛奶时,必须系一条干净围裙,围裙从颈部往下,一直到膝盖下面。当手臂不赤裸时,应戴上干净袖套。

9. 牛奶瓶上必须盖上印戳,标明生产牛奶的牛奶棚名称。把牛奶运往租界内的车子、篮子以及其他工具必须标明牛奶棚名称。

10. 当稽查员索取时,牛奶棚主应提供客户名单。

11. 奶牛生病、死亡或更换,挤奶人患病,其他处理牛奶人员生病,奶牛产牛犊等事必须立即通知工部局兽医。

12. 领取执照的牛奶棚不得顶替未领执照牛奶棚代送其所产牛奶。[①]

以上内容基本反映了卫生稽查员的诉求,特别是对排水通风和水源问题作了具体规定。事实上遵守这12个条款就同时享受如下权益:

1. 工部局将在每周的公报中公布执照牛奶棚名单,要求公众不要从其他来源购买牛奶。

---

① Notice to Dairies,《上海公共租界工部局总办处关于调整执照费用、路灯照明、奶牛场规章及苏州路延长等文件》,上档,U1-2-207。正文内容系《上海租界志》(史梅定主编,《上海租界志》,上海社会科学院出版社2001年版,第503页)翻译,经笔者核对,与原文并无不符,故采用,特此说明。

2. 如遇事暂停供应牛奶,工部局支付其赔偿金。

3. 任何牛奶棚一旦发现有传染病特征的疾病时,牛只会立即被屠宰,工部局以市场价的三分之二支付赔偿金。

4. 对上述问题的牛奶棚和建筑物进行消毒或彻底摧毁,工部局支付成本一半的价格。

5. 对拥有执照的牛奶棚,工部局兽医处可提供医治病畜或其他建议。①

1899年下半年,《牛奶棚规则》又稍作调整,增加至15条,将上述权益纳入中。此前,稽查员曾要求对所有牛只进行结核病检疫,也被纳入1899年规则中。②

相比之下,清政府直到宣统二年(1910年),才由京师内外城巡警总厅制订了《管理牛乳营业规则》,并在北京推行实施。此规章被认为是仿制了明治三十三年(1900年)日本内务省令中的《牛乳营业取缔规则》。③

比对以上规章文本,便会发现,这些规则主要针对奶牛本身和牛奶棚的清洁,例如空气要流通、粪便要及时清理,工人应身体健康。目的就是保证环境卫生,杜绝牛瘟产生。而对于牛奶本身的要求只是从颜色和气味上加以规定,并没有具体的量化指标。

自1898年租界地区开始实行执照制度后,无照牛奶棚被禁止进入租界内销售。领取执照就必须根据规则改善牛奶棚的环境,

---

① Letter to the Secretary, 1897年8月31日,《对奶牛场、牛奶供应问题的建议、有关电力供应、煤气供应等文件》,上档,U1-2-1105。

② Milk Supply, Annual Report of the Shanghai Municipal Council, 1899,上档,U1-1-912。

③ 关于这两条法规之比较可参看田涛、郭成伟《新发现的清末京师城市管理法规研究(下)》,《政法论坛(中国政法大学学报)》1994年第3期,第78—79页。

包括使用自来水等,有的商贩自称无钱出资改善,故无法领取执照。但又无法放弃牛奶所带来的巨额利润,因此还是偷偷在租界内贩卖牛奶。①而有些无照牛奶棚便会向持照牛奶棚借用执照,甚至转卖执照,一旦被工部局发觉,则两者都要受到处罚,遂时有纷争。②有的业主在租界内有两处牛奶棚,却只领取一张执照,这也违反了工部局规定。③还有业主以工部局执照冒充公董局执照,被公董局发现后,送至会审公廨,虽然此人辩称以前在公共租界销售,刚搬到法租界才两天,未来得及办理执照,谳员还是没收了他的执照,并罚款100元。④

当牛奶供不应求时,持照牛奶棚经常向未领执照的牛奶棚和郊区养牛的农民收购牛奶,以调剂其产销平衡。有的养牛户把产奶母牛牵到执照牛奶棚附近,将每天所产牛奶出售给后者,再转售给饮户,这种方式,俗称"拆奶";也有的养牛户,把产奶母牛租给牧场,收取租金后,奶牛由牧场饲养和挤奶出售,这种方式,俗称"附奶",或者"贺奶",也称"行奶"或者"下奶",与此相对的,是一些牛奶棚将刚出生的牛犊,由农村"牛头"(经纪人)担保,在茶馆聚集时招揽乡农分养户,免费领去饲养,待育成成年奶牛后,按该牛当时市价折半付给报酬,由原主收回;也有的将怀孕母牛分养到乡农户,言明每月支付若干饲养费,待产犊后养大,原主付清母牛和育成牛的饲养费,此为"分养"。⑤

鉴于当时牛瘟经常爆发,分养的方式可以降低牛只遭到疫病危害的可能性。牧场需要添购牛只的时候,往往通过"牛头"向农

---

① 《英美租界公堂琐案》,《申报》,1899年10月24日,第9版。
② 《美租界捕房纪事》,《申报》,1900年10月30日,第9版。《私售捐照》,《申报》,1910年7月9日,第20版。
③ 《一照两用》,《申报》1915年7月11日,第10版。
④ 《牛奶棚主受罚》,《申报》1917年5月2日,第11版。
⑤ 《整顿本市牛乳业计划》,《社会月刊》(上海)1929年第6期,第2—4页。

民购买。"牛头",乃是买卖牛只的中间人,买卖乳牛,是没有固定交易场所的,但同时也增添了不必要的纠纷。据1936年3月28日的《太嘉宝日报》的记载:居住南翔北槎山乡构桔篱村之徐学敏、徐杏生,1935年曾与协记牛奶棚代养母牛一头,言明每月贴还饲料费4元,并言明如该牛生产小牛,则以半数为酬,到了1936年农历2月中,棚主由沪来乡,拟领回老、小二牛,徐等代养迄今已有16个月,而棚主不名一文,故而拒绝,双方发生口角,互相扭至南翔镇公安二分局,由局讯明上情后,贴还徐姓代养费93元,老小两牛由棚主牵回。①

拆奶对于牛主来说,可以保留奶牛的所有权,解决销路问题。但只能以低价售于执照牛奶棚。自己去租界售乳,4—7磅可售1元,而"拆奶"通常要7—10磅才得1元。有的小奶棚把乳牛出租给大奶棚,通常每天产乳30磅的优等乳牛才日得租金2元,牛食虽由大奶棚供给,而对医药费及蒙疫死亡皆概不负责。②

第三节 检 验 制 度

如何保障外侨能饮用到品质良好的牛奶是工部局急需解决的问题。早期会审公廨处理牛奶案时,对"不洁"牛奶的判定,多从气味和外观上判断。③这样辨别牛奶,缺乏具体的衡量标准。工部局公共卫生实验室的成立,开始负担起检验牛奶的重责。

一、检验方法

工部局在1896年就创设了卫生实验室,至1898年时,后者已成为卫生处的核心部门,包括病理实验室和化学实验室。化学实

---

① 转引自上海市嘉定区畜牧水产局志编写组编:《嘉定县畜牧水产局志》,上海社会科学院出版社1994年版,第51页。
② 王树基:《上海市之牛乳业》,《国际贸易导报》1933年第5卷第8期,第167页。
③ 《英界公堂琐案》,《申报》1885年11月16日,第3版。《英界公堂琐案》,《申报》1885年11月21日,第3版。

验室于 1906 年成为一个独立机构,负责给本地牛奶样品做化学分析。①在 5 月 23 日的董事会议中,董事李德立(Edward Selby Little)建议,纳税人交来检验的牛奶一旦发现有掺假,可免交检验费用。②6 月 13 日的董事会议中,对此事决议:如果发现有掺假,纳税人必须负责提出控告,若没有掺假,则可免交费用。③1909 年 5 月,卫生官认为每周出版的工部局公报上应刊载牛奶场"黑名单",向公众公布那些经化学实验室检测出有掺假的牛奶棚。④

本地报刊也开始翻译介绍一些牛奶检验的方法。⑤这些检测方法主要是化学实验和成分检测,检测项目包括测定牛奶中的比重,脂肪、乳糖、灰分和固体含量等。每月市场稽查员巡查时,会随机挑选送奶工手中要送给客户的牛奶作为样品化验。⑥如有掺水情况,则根据奶瓶上的牛奶棚名称,找到牛奶棚主人,然后在会审公廨当场试验掺水程度。再由会审公廨判决,轻则罚款,重则监押一个月,屡教不改者取消执照。⑦

检验方式一般有普通直观和化学分析。普通的方式,如将牛奶滴入一碗水里,看其是否沉降,如果不沉降而且散乱于水中,则说明牛奶品质不好。又如,在指甲上滴一滴牛奶,如果这滴牛奶呈球形而且不流散,则说明牛奶品质比较好;反之,如果稀薄而且随

---

① 《上海工部局医官造民国元年卫生清册》1912 年,上海图书馆藏,第 35 页。
② 《工部局董事会议录》第 16 册,第 641 页。
③ 《工部局董事会议录》第 16 册,第 644—645 页。
④ Health Officer's Report for May, The Municipal Gazette, NO.76, June 10 1909.
⑤ 《互相问答:第六十七上海友人问本处出卖之牛乳常有加水谋利之弊因》,《格致汇编》1876 年(秋),第 9—11 页。《验牛乳法》,《大陆报》1903 年第 12 期,第 8 页。《商务纪闻:试验牛乳优劣之简法》,《万国商业月报》1909 年第 17 期。
⑥ Milk Supply, Annual Report of the Shanghai Municipal Council, 1905, 上档, U1-1-918.
⑦ 《妨碍卫生》,《申报》1910 年 8 月 6 日,第 20 版。

时会落下,则说明品质不佳。从外观上来看的话,颜色纯白,稍带黄色为佳。如果用玻璃容器盛牛奶,接近玻璃的部分呈黄青色的,则说明奶质稀薄。①

以上方法较为简单,如果要进一步检测牛奶的有效成分,则需要借助一些设备,通过化学方式来检验。例如乳比重计是一种比较早开始使用的检验方法。主要用于检验牛奶脂肪含量与掺水率。鉴于上海市场上牛奶掺水率很高,上海科学仪器馆在1905年就从国外进口这种仪器,向市民出售。②此后,由于这种方法比较方便在家庭中操作,上海各大药房也曾大批进口,将此称为"牛奶表"。③工部局化验室也常使用乳比重计,分析牛奶的掺水情况。但这种方法也并不完全准确。乳比重计在高于95华氏度(约为35摄氏度)时,读数会发生误差。④有时,一个比重计在一杯牛奶中会有三种读数。⑤况且,有时在牛奶中混入其他液体,比重计也不能检验出来。⑥

碘酒法和石蕊试纸也较为常见。在牛奶中滴入碘酒,如果牛奶中掺有米汤等淀粉类物质,会出现蓝色或紫色的现象,如果颜色很深,则表明掺入的淀粉类物质较多。⑦或者,使用石蕊试纸接触牛奶,若试纸变成红色,则说明牛奶已经腐败。因碘酒和石蕊试纸也比较容易在药房和西医处获取,故也有不少家庭用这两种方法检测牛奶。⑧

---

① 《鉴别牛乳良否法》,《童子声》1914年第5期,第26页。
② 《验牛乳法》,《大陆报》1905年第12期,第8页。
③ 《牛乳检查简法及其原理》,《申报》1923年1月29日,第9版。《新到试验牛奶表每支一元》,《申报》1923年9月29日。
④ Analyses, Annual Report of the Shanghai Municipal Council, 1915,上档,U1-1-928。
⑤ "Pure Milk",《字林西报》1923年1月12日,第4版。
⑥ 如花生汁等。《饮鲜牛乳者注意》,《申报》1928年3月6日,第17版。
⑦ Shanghai's Milk Supply,《字林西报》1923年1月11日,第4版。
⑧ 《牛乳检查法》,《申报》1918年5月13日,第9版。

此外还有一些方法则比较复杂。如 1923 年工部局化学实验室开始使用冰点法，以辨别非脂固体含量，是由于牛乳本来质量较差，还是掺杂少量水分所致。这种方法必须具备仪器和溶液，且操作过程比较复杂，一般需要在实验室完成，不适合在家庭中操作。①

二、含脂率和非脂固体含量

牛奶成分检验中最重要的一项，就是含脂率和非脂固体含量的测定。工部局化学实验室曾在 1906 年测得，上海本地牛奶含脂为 4.5%，较当时英国标准高出 1.5%；同时，非脂总固体（牛奶脂肪以外固体）含量在 8.25%，英国为 8.5%。②

然而，这并非是因为上海的牛奶质量好，而是由于当时本地市场上有大量掺杂水牛奶的牛奶出售。如前所述，直到 1869 年英国爱尔夏牛进入上海后，沪上才有了乳用牛种。此后，红白花牛和黑白花牛也进入上海。但是这些乳用牛种都被控制在少数外侨手中，直到 20 世纪初，本地川沙杂交牛才普及开来，在很长时间以来，农民用于挤奶的多为自家耕牛，尤以黄牛和水牛为主。根据工部局统计，1880 年 1 月 1 日，华人牛奶棚存栏牲畜中，本地母牛有 20 头，英国种母牛有 9 头；1882 年 7 月，本地母牛有 49 头，英国种母牛有 19 头。而水牛最多时达到 190 头。③水牛奶在上海市场上较为多见，也有农民将奶牛的牛奶和水牛奶混合出售。

卫生官曾在报告中提到，水牛奶因其相比奶牛所产之奶更富含酸凝乳成分，适合病人和婴幼儿饮用。④

---

① Laboratory (Chemical), Annual Report of the Shanghai Municipal Council 1923, 上档, U1-1-936。

② Milk Supply, Annual Report of the Shanghai Municipal Council 1906 年, 上档, U1-1-919。

③ Return of Animals Kept at the Native Dairies: Shanghai,《上海公共租界工部局关于华人牛奶棚存栏牲畜双周简报和卫生稽查员的年度报告》, 上档, U1-2-1105。

④ Milk Supply, Annual Report of the Shanghai Municipal Council 1898, U1-1-911。

表2-2　水牛奶和奶牛奶成分对比

	水牛	奶牛
比重	1.028	1.032
总固体量	20.1%	12.6%
脂肪	7.5	3.7
灰分	0.8	0.7
乳糖	4.2	4.8

资料来源：Analyses, Annual Report of the Shanghai Municipal Council 1898,上档,U1-1-911。

从表2-2可知,水牛奶脂肪含量和固体含量较高,这也意味着水牛奶相比奶牛所产的牛奶更不易消化。因此,在牛奶中掺水以调整脂肪含量,成为了早期上海牛奶市场上的一项"潜规则"。

工部局化学实验室在1912年对376个样品的研究中发现,即使牛奶中脂肪含量只有3%—4%,非脂固体含量也不低于8.6%,多数样品的含脂率介于5.4%和4.49%之间,平均含脂率为5.2%,相应的非脂固体含量也在8.76%和8.8%。实验人员还发现,随着牛奶中脂肪含量的增加,非脂固体含量也会明显增加。实验人员认为,无法给出一个确定无误的标准,因为这个标准有相当大的可变动性。这种变动,主要来自牛只品种和饲料喂养方式的差异。所以,研究人员参考了英国公共化学室的标准,即"一万分牛乳内,有八百五十分非油质之实质、方为纯粹牛乳",也就是非脂固体含量为8.5%,同时脂肪含量最低为3%,比较适合上海本地情况。[①]如果达不到这项标准,则被认为是掺杂水分或者已经被提取脂肪。

三、掺假和无照

"掺假"（Adulteration）这个词最早可追溯到1506年。至19世纪和20世纪早期,西方社会在牛奶中掺假的类型主要包括:加

[①] Public Health Laboratory, Annual Report of the Shanghai Municipal Council 1912,上档,U1-1-925。《上海工部局医官卫生清册》1912年,上海图书馆藏,第36页。

水、抽出脂肪(中国人习惯性称为"抽油")、对牛奶进行脱脂处理、添加增稠剂和起泡剂、着色剂(通常是黄色)和化学防腐剂。①

从《申报》报道来看,在1898年执照政策还未施行前,会审公廨对牛奶案件的处理,除了偷盗奶牛和牛奶瓶外,主要涉及假冒,如1885年某华商洋货铺销售假冒美商鹰牌炼乳。②1898年后,随着执照政策在租界范围内的实施,会审公廨处理有关牛奶的案件主要涉及"掺假"和"无照"。

表2-3 1922年至1926年上海公共租界无照牧场样品掺假统计

年份	样品数量	掺假数量	掺假比例(%)
1922	10	5	50
1923	24	12	50
1924	10	4	40
1926	9	8	88.88

资料来源:根据Classification of Samples, Annal Report of the Shanghai Municipal Council 1922—1926,上档,U1-1-935~939制作。

表2-4 1922年至1926年上海公共租界执照牧场样品掺假统计

年份	样品数量	掺假数量	掺假比例(%)
1922	656	32	4.9
1923	1 034	44	4.3
1924	1 211	26	2.15
1926	1 677	17	1.01

资料来源:根据Classification of Samples, Annal Report of the Shanghai Municipal Council 1922—1926,上档,U1-1-935~939制作。

---

① P.W.Atkins., *Liquid Materialities*: *A History of Milk*, *Science and the Law*. Ashgate Publishing Company, 2010, p.180.
② 《控拘冒顶》,《申报》1885年3月10日,第4版。《重惩假冒》,《申报》1885年3月11日,第3版。《牛奶案结》,《申报》1885年3月18日,第3版。《株连议罚》,《申报》1885年3月25日,第3版。《英界公堂琐案》,《申报》1885年3月29日,第3版。《英界公堂琐案》,《申报》1885年6月9日,第3版。

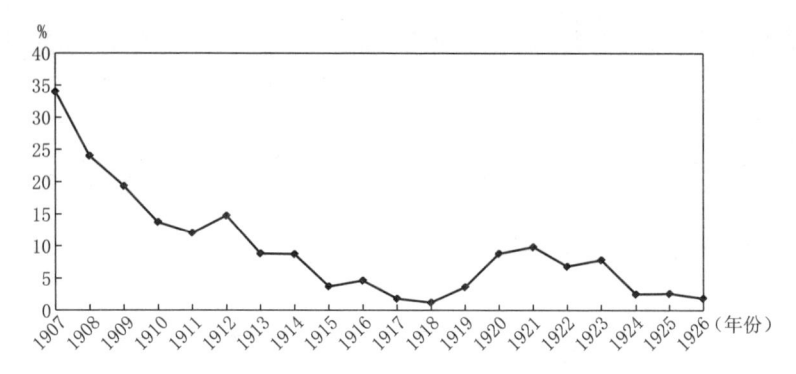

图 2-3 1907 年至 1926 年牛奶样品掺假百分比趋势图

资料来源：Comparison with previous years, Annual Report of the Shanghai Municipal Council 1907—1926, 上档, U1-1-920~939。

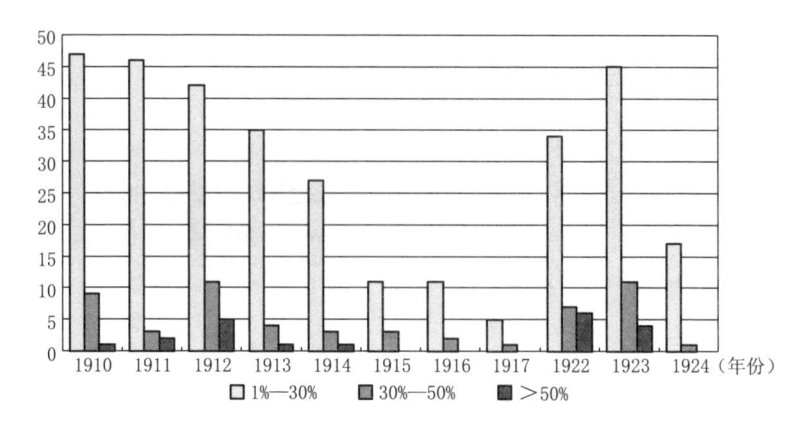

图 2-4 1910—1924 年牛奶样品掺假比例

资料来源：Analyses, Annual Report of the Shanghai Municipal Council 1910—1924, 上档, U1-1-923~937。

从上述图表中可以看出，添加 1%—30% 的掺假最多，也有掺假者达到 50% 以上。商贩们通常是将牛奶中的奶油成分抽出，再将剩余的牛奶和其他诸如水牛奶或者黄牛奶混合，或者直接在牛奶中加水，还有在牛奶中添加淀粉以增加其黏稠度和增白。有的样品中甚至被检测出有不明胶质物。①除了在牛奶中掺水外,还会混入豆浆和花生汁,这会造成部分消费者产生胀气感,一些对花生过敏的客户也会感觉不适,米汤、棉仁油也经常被混杂牛奶中。②掺假行为对牛奶安全形成了极大挑战,特别是掺杂了不洁水质的牛奶,经常被贩卖给执照牛奶棚,大大提升饮用者患霍乱、痢疾等疾病的可能性。③

自1907年后,掺假比例有所下降。在掺假者中,无照牛奶棚的情况最为严重。尽管工部局要求在租界区域内贩卖牛奶必须持有执照,但是仍有人将牛奶运入公共租界偷卖。从1900年开始的统计表明,掺假受罚者多来自新闸一带。特别是在20世纪初,川沙农民掌握了奶牛养殖技术后,开始生产牛奶。因为他们没有执照,故只能将牛奶运到靠近公共租界的新闸一带出售。这些铤而走险之徒被抓后,一般由会审公廨送至浦东巡警总局处理。④侦查无照牛奶棚是工部局卫生处一项较为艰难的工作,费时费力,后者在防止无照牛奶流入租界的同时,也发现了不少执照牛奶棚亦有存在品质不过关的情况。⑤

在侦查过程中,工部局稽查员的一些做法也招致商贩的反感。有的工部局稽查员借着手中权力,随意勒索牛奶商。1904年2月26日,有人向工部局捕房投诉某稽查员讹诈,会审公廨查明事实后,开除雇员,并给予其相应惩罚。⑥另外,工部局对于一再犯禁的

---

① Public Health Laboratory, Annual Report of the Shanghai Municipal Council 1912, 上档,U1-1-925。
② 《牛乳制造法》,《农工商报》1908年第25期,第13页。《饮鲜牛乳者注意》,《申报》1928年3月6日,第17版。
③ Veterinary Surgeons' Report, Annual Report of the Shanghai Municipal Council 1898,上档,U1-1-911。
④ 《公共公廨早堂案》,《申报》1906年12月22日,第18版。
⑤ Miilk Supply, Annual Report of the Shanghai Municipal Council 1913,上档,U1-1-926。
⑥ 《美租界捕房纪事》,《申报》1904年2月26日,第9版。《美租界捕房纪事》,《申报》1904年3月4日,第9版。

牛奶商,为了"以儆效尤",一般会吊销其执照或将其赶出租界,但是有时会直接拆除牛奶棚,这也导致牛奶棚主的不满。①

小　结

牛瘟在18—19世纪盛行于欧洲,1871—1873年上海牛瘟被"发现"和"证实",赋予工部局以公众健康为由获取卫生行政权。"卫生"已不再只是为了保护外侨的人身安全,同时也成为提高工部局自身地位的不可或缺的重要工具。

随着上海人口的增加,牛瘟给人类带来的一系列损害,越来越受到重视,工部局开始注重对牛瘟的预防。在此过程中,工部局卫生官和稽查员们通过描述肮脏恶劣的生产环境来获取租界内外牛奶棚的控制权,特别将本地人看作是不安全的来源,以此来建构越界管理的合法性。租界的卫生立法工作基本上由工部局来完成,也成为会审公廨的判罚依据。②

由于"水乳交融"现象普遍存在于上海牛奶市场,仅仅依靠菜场稽查员来检查牛奶棚的清洁程度已经不足以应付日趋复杂的牛奶问题。工部局在早期管理中对于牛奶含量缺乏衡量的标准,导致有些牛奶商掺水过多,从而降低成本的情形。因此,对于想从事牛奶行业的本地人来说,黄牛和水牛仍然是取乳的第一选择。这一旧规导致商人们即使选用乳牛挤奶,也还是会在牛奶中加水,甚至抽取牛奶的部分脂肪以作奶油等。

但是自从化学实验室开始参与牛奶样品的分析,通过对牛奶样品的脂肪含量检测来判定"好牛奶"和"坏牛奶"。这种官僚化的体制建设,表明工部局将建立一个日渐细化的监督机构,也表现

---

① 《不准售奶》,《申报》1910年4月11日,第19版。Cattle Plague, Annual Report of the Shanghai Municipal Council 1896,上档,U1-1-909。

② 杨湘钧:《帝国之鞭与寡头之链:上海会审公廨权力关系变迁研究》,北京大学出版社2006年版,第37—56页。

第二章 从无到有：近代上海乳业制度的初创

其力图在上海通过卫生来建立秩序，获取行政权的野心。在1903年3月，工部局与纪洛兽医院（Keyloc&Pratt's）合作，曾将执照牛奶棚的牛群监督权交由其掌管，但同年底12月，工部局将其收回，归于卫生处。①

上海的乳业制度从无到有的过程中，租界占据了话语和行动的双重主导权，从建构规则到规范行为，华界成为配合租界行动，以保障外侨有一个良好环境的"配角"。

租界对于牛只的检查无疑是为了保障外侨的身体健康和生命安全，得到更纯净的牛奶。随着租界对牛奶管理举措越来越严厉，华人也意识到西方人这种对卫生的追求和自身的差距：

> 西人酷嗜牛乳，以少成惯食所致，其培养之法亦颇讲求，俾之尽善乃适口而养气体。牛乳之中须带一分清水，庶无浓厚腻滞之患，饲牛之地比择地气清肃之区，所喂之草务求洁净，牛饮之水以冷水为本，不宜温暖，夜宿棚屯比令通风洁净，牛种所出预求美好，挬乳之候撒空棚屯下垫以柴，乳头先用温水洗涤，然后挬取去除之奶放诸清凉地方，使风吹去牛气然后用丝？出之，效葛巾漉酒之法，毋任留有渣滓此西人养身之法也。②

该文通过观察西方人饮用牛奶的过程，从鉴定牛乳品质，饲养方式到挤取牛奶的手续，都务必力求"洁净"，这样挤出来的牛奶才具有"养身"的功能。近代中国，"卫生"作为民族主义表达的关键词，其话语体系完全参照西方。华人知识分子在民族主义的笼

---

① Supervision of Licensed Dairies and Livery Stables, Annual Report of the Shanghai Municipal Council 1904, 上档，U1-1-916。
② 《牛奶培养》，《益闻录》1894年第1391期，第346页。

罩下,在中外对比的情况下,不免产生焦虑,并愿意跟从西方人的"指导"。如《申报》的编辑在评论时就曾建议,应当由上海道照会各国领事"出示严谕"并集合各地巡捕,严查肉商,如遇卖瘟牛肉者,"扭至会审衙门严行查办,该店立即封闭"。只有这样才能使那些贪利之徒"不敢以瘟牛贻害于人"。编辑进一步指出,如果能使各地能设立善堂收购养牛者手中的瘟牛,那么瘟牛就不会流入屠夫手中了。①此外,《申报》还认为,牛瘟的产生是屠夫贪利,宰卖病牛,"纵有官法,悍然不顾其贻害于人之口腹也,岂浅鲜哉"。②对于商贩贩卖掺水之事,《申报》也显然站在了工部局一边。从报道会审公廨案件的标题即可看出,如"妨碍卫生"。③对于商人掺水的评述,较常用的是"水乳交融",意指牛奶掺水,还有"为小失大"等。④至于屡教不改者,有"怙恶不悛""屡惩不悛"。⑤从语言的表述,也可以看出编辑们在卫生问题上倾向严惩牛奶商。

商贩们之所以敢冒风险,偷运牛奶进入租界,也是因为受到利润的诱惑。随着租界人口的增加和中国人消费需求的增长,一个庞大的市场正在逐渐形成,而工部局将面临更严峻的挑战。

---

① 《论牛瘟》,《申报》1872年9月12日,第1版。
② 《论近日将行牛瘟》,《申报》,1873年1月14日,第2版。
③ 《妨碍卫生》,《申报》1910年4月5日,第19版。
④ 《为小失大》,《申报》1910年3月23日,第20版。
⑤ 《怙恶不悛》,《申报》1911年8月5日,第21版。《屡惩不悛》,《申报》1910年1月6日,第20版。

第三章 追求品质:近代上海乳业制度的发展

20世纪二三十年代的上海,已经成为远东第一都市,享有"东方巴黎"的美誉。以公共租界和法租界为主的城区,经过数次扩张,取代了南市老城厢,成为繁华的市中心。租界现代化的市政建设,吸引了大量中外移民拥入,人口激增的同时为行政机关们带来了难题,拥挤的城市区域很快就造成公共卫生的隐患。恶劣的环境,被污染的水质都极容易引发传染病,由此,工部局建立了针对环境、食品、疫病的全面的卫生体制,并加大了对牛奶问题的监管力度。

与此同时,从19世纪中期到20世纪30年代,欧美各国的牛奶问题也相当严重,各大城市在此期间展开了针对掺假的斗争,①这也影响到其所属的殖民地,也正是在这样的背景下,上海公共租界工部局开始建立新的制度和规范。

第一节 困扰租界的牛奶问题

一、牛奶有"毒"

从16世纪至19世纪,与普通结核共同肆虐欧洲的牛结核病

---

① 魏秀春:《英国食品安全立法研究述评》,《井冈山大学学报(社会科学版)》第32卷第2期,2011年3月,第122—130页。兰教材:《美国1906年纯净食品药品法之由来》,《史学月刊》2011年第2期,第94页。

(Bovine Tuberculosis)使人类开始关注牲畜健康和疫病防治。①19世纪末,细菌的发现使得微生物学成为一门独立的学科,登上了历史的舞台,人类对致病原因从此有了新的认知。在法国微生物学家路易·巴斯德(Louis Pasteur,1822—1895年)提出"微生物病原说"(germ theory)之后的二三十年,是细菌学说发展的黄金年代,德国科学家科赫(Heinrich Hermann Robert Koch)将之推向高潮,使它最终成为现代医学的基石。到20世纪初,西方社会已经完全接受了细菌致病的解释。

19世纪末,西方细菌学伴随着殖民势力的扩张,传入中国。1894年香港鼠疫的爆发及应对被看成是细菌学在中国最初的实践。②此后,北京、上海等沿海口岸建立的医院和诸如巴斯德研究院这样的医学机构,都将细菌学作为一门重要的研究科目,引入中国。起初,中国人翻译介绍国外相关研究时,只是将"细菌"理解为一种"微虫",③并将此作为一切微生物的泛称。多数中国人对微生物的直观认识,还是来自报刊及知识界精英对瘟疫病因的解释,并逐渐将其视为"无所不在的威胁"。④细菌学说被社会各阶层接纳,并不断被论述和强化。

由于细菌的"无处不在",防疫的重要性被不断提高。在近代中国,预防细菌传染,可能要比治疗,有着更深远的影响。⑤而食

---

① 牛结核病是由牛分枝杆菌(Mycobacterium bovis)和结核分枝杆菌(Mycobacterium tuberculosis)所引起的一种人畜共患的慢性消耗性传染病,可通过病畜传染给人类或其他动物。
② 东梅、李志平:《西方细菌学在中国的传播》,《医学与哲学(人文社会科学医学版)》第31卷第2期,2010年2月,第73页。
③ 《格物穷理说》,《申报》1890年9月28日,第1版。
④ 有关近代国人对微生物的认识,可参见路彩霞:《清末京津公共卫生机制演进研究(1900—1911)》,南开大学历史系博士学位论文,2007年,第150—157页。
⑤ 皮国立:《"气"与"细菌"的中国医疗史——民国中医外感热病学析论》,台湾师范大学历史学系博士学位论文,2012年,第232页。

物,是人体感染疾病的最主要途径之一。"伤寒菌在牛乳中最能繁殖,故不洁净之牛乳,常有病原微生物在内,其他夏秋之交,因食物多有种种微生物,偶不谨慎,即能害人。"①通过报刊的引述和介绍,人们开始意识到牛奶和疾病有着千丝万缕的联系,如牛奶中含有感染痢疾的病菌,导致多数儿童感染病发,"每年死于此疫者,不知凡几"。②又如肺结核,某人曾云,其朋友就是每天喝牛奶导致感染肺结核的。虽然此事可能有些夸张,但牛奶中的确有结核杆菌的存在,且极易传染给人体。③其他诸如猩红热、白喉等都可介由牛奶传播。根据1925年日本领事馆对留沪日侨所做的简单统计来看,"以牛乳哺育之儿童死亡数,约占十分之四"。④

因此,对牛奶的灭菌成为专家学者,乃至普通消费者日渐关注的重心。灭菌以热处理为主,也就是通过加热来杀灭细菌。大多数家庭都是将牛奶煮沸后饮用,这也得到工部局的认可,工部局卫生处曾在1905年规定所有在租界内出售的牛奶,必须经过杀菌处理(sterilisation),最简单的办法就是彻底煮沸牛奶。这样做,也是因为当时牛奶在运输过程中极易被病菌感染,而如果牛体本身感染结核病,则牛奶中也多半会含有结核菌。⑤对于普通消费者来说,在缺乏必要的消毒设施时,只有通过彻底的煮沸才能杀灭牛奶中的病菌,从而降低患病的几率。此外,还可以采用低温蒸煮的方法使得牛奶的营养成分不至于流失太多,但该方法需要严格监控过程,在家操作常常达不到理想的杀毒效果。⑥

---

① 余云岫编:《微生物》,商务印书馆1920年版,第38页。
② 乔启明:《牛乳中细菌与公众卫生之关系》,《云南实业公报》1925年第37期,第14—16页。
③ 王希灏:《牛奶中的肺结核》,《申报》1925年3月16日,第12版。
④ 《日侨户口之调查》,《申报》1925年10月7日,第14版。
⑤ Milk Supply, Annual Report of the Shanghai Municipal Council 1898,上档,U1-1-911。
⑥ Milk Supply, Annual Report of the Shanghai Municipal Council 1905,上档,U1-1-918。

所谓低温蒸煮,即巴氏杀菌法(pasteurization),是法国人路易斯·巴斯德于1865年发明,经后人改进,用于彻底杀灭酒、牛奶、血清白蛋白等液体中病原体的方法,将牛奶加热到62℃—65℃(华氏145度至150度),并保持30分钟,可杀灭大多数有害微生物。①1908年,巴氏杀菌机投入商用。十年后,许多美国城市开始要求牛奶必须经过巴氏杀菌。1924年,美国公共健康服务部(Public Health Service)颁布"标准牛奶法令"(the Standard Milk Ordinance),②此法令最初只是为各州政府提供参考和示范。随后在1927年又颁布了"标准A级巴氏杀菌奶条例(Grade 'A' Pasteurized Milk Ordinance,简称为PMO)",并将之确立为重要的食品法规之一。③这种消毒方法,曾被译介为"蒸乳法",作为一种先进的科学技术被引进中国,是当时消毒牛奶的最佳方法。④

二、人口增长

1910年到1927年间,随着工商业和公共事业的发展,上海初步具备了一座现代化城市的雏形,人口从128.9万增至264.1万,年均递增43‰。

---

① 这种方法后来也被称为"低温长时(LTLT)巴氏消毒法"。此外,还有一种"高温短时(HTST)巴氏消毒法",是将牛奶加热到75℃—90℃,保温15—16秒,直到20世纪40年代才开始应用,此种新工艺很快就在乳品业内流行开来。这两种方法目前都在国际上通用,不过前者已较少使用,后者更为广泛。参见顾佳升:《牛奶杀菌和奶制品安全》,《中国食品卫生杂志》2008年第3期,第193—196页。

② 参见国际乳品联合(International Dairy Foods Association,简称IDF) Pasteurization: Definition and Methods, http://www.idfa.org/files/249_Pasteurization%20Definition%20and%20Methods.pdf, 2011年4月20日检索。感谢顾佳升先生提供此则资料。

③ Andrea S Wiley, "Dairy Industry", in Gary Allen & Ken Albala(eds.), *The Business of Food: Encyclopedia of the Food and Drink Industries*, Santa Barbara, CA: Greenwood, 2007, pp.118—124.

④ 《蒸乳法》,《湘报》1898年第170期,第680页。吴心甫:《牛乳消毒法之研究》,《河南中山大学农科季刊》1929年第1期,第85—87页。

第三章 追求品质:近代上海乳业制度的发展

表3-1　1910年至1927年上海人口增长表

年份	人口数(万人)	比上期增长%	平均增长率	
			时期	%
1910	128.9	136.95	1905—1910年	1.21
1915	200.7	268.93	1910—1915年	9.26
1920	225.5	314.52	1915—1920年	2.36
1927	264.1	385.48	1920—1927年	2.28

资料来源:忻平,《从上海发现历史——现代化进程中的上海人及其社会生活》,上海人民出版社1996年版,第40页。

急速增长的人口大量集中在租界区域,两租界的人口比重在上海人口总数中,逐渐加大,人口密度也逐渐超越华界。上海的人口结构虽然以成年人为主,但儿童数量随着移民的增长而缓慢递增。其中,外侨儿童数量的增长对牛奶的供应,提出了新的挑战。

人口的增加带动消费的需求,可的公司于1922年从英国和苏格兰进口了42头爱尔夏奶牛,1923年,计划再从苏格兰进口10头奶牛来提高牛奶产量,以应付持续增长的需求。①

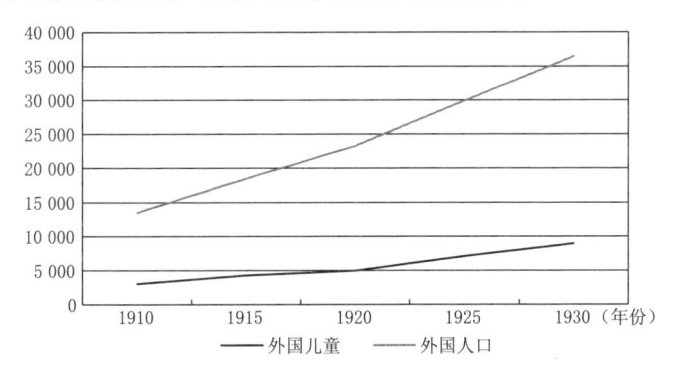

图3-1　上海公共租界1910年至1930年间外侨人口及儿童数量增长

资料来源:罗志如,《统计表中之上海》,《国立中央研究院社会科学研究所集刊》1932年,第4号,第25、28页。

---

① Culty Dairy Co.,《北华捷报》1923年1月6日,第37页。

虽然公共租界自1898年后开始实行执照政策,对申请牛奶棚执照提出各项严格要求,在1920年前,公共租界执照牛奶棚的数量维持在30家左右,牛只头数在1 000上下浮动,其中本地牛奶棚要多于外国牛奶棚。①截至1922年12月,租界地区执照牧场共有43家,牛只头数1 394头。其中,公共租界区域内有执照者23家,界外筑路区域有16家,法租界区域内有4家。②然而,在公共租界和法租界外,还存在大量无照牛奶棚,这些无照者被视为租界居民身体健康的直接威胁。

三、外侨的呼吁

(一)罚款无效

在施行执照的第十年,即1908年,菜场稽查员在报告中指出,罚款是最无效的。当时罚款少则五元,一般数十元,最高不超过一百元。③《申报》就曾以掺水牛奶一事发表意见,"牛奶棚之出售掺水牛奶,每年被卫生局西人查出罚办,必有数十起。而罚者自罚。售者自售。且有既罚仍售。屡罚屡售者。岂不以大利所在。虽罚无损耶"。④也就是说,在《申报》记者看来,罚款效力不大,难以起到警惕作用。相比而言,入狱和上枷锁示众比较有威慑手段。尽管如此,违法事例还是一再发生。而且稽查员发现,业主将损失转嫁到消费者头上,致使牛奶价格有上涨趋势。⑤

1921年5月,《字林西报》报道了戈登路(今江宁路)某牛奶棚因掺水而被罚款,一位自称珀西·福勒(Percy Fowler)的人注意

---

① Licensed Diries, Annal Report of the Shanghai Municipal Council 1898—1912,上档,U1-1-911~925。

② Milk Supply, Annal Report of the Shanghai Municipal Council, 1922,上档,U1-1-938。

③ 《控告公堂违反本处定章各项人数表》,上海工部局:《上海工部局医官造民国元年卫生清册》,上海图书馆藏,第66页。

④ 《海上闲谈》,《申报》1911年6月15日,第20版。

⑤ Food, Annual Report of the Shanghai Municipal Council 1908,上档,U1-1-921。

到了这则报道,他当天就给工部局总办写信,声称之所以留意该报道是因为该牛奶棚罚金达到 100 元,已是同类案件中的最高罚款,然而即使如此,他认为这种处罚依然不能有效遏制掺假。因为这家牛奶棚有 69 头牛,每天生产大约 600—700 瓶牛奶。按市价 0.2 元(银元)每瓶计算,该牛奶棚单日营业额即超百元,利润率高达 68%。因此,这样数额的罚款是微不足道的。

福勒还指出,根据 3 月和 4 月的《工部局公报》显示,掺假情况不容乐观。为此,他呼吁工部局尽快建立一个咨询委员会处理、协调公共租界地区的牛奶问题。除了修改现有法律,针对屡次违章的业主,还要给予更严厉的惩罚——处罚三次后吊销执照,这样才能取得惩戒的效果,而不是让经营者们将罚款看成是一种必要的"营业成本"。①

这封信随即被当时的总办鲁和(E.S.B.Rowe,1924—1926)转给工部局卫生处长斯坦利(Arthur Stanlay,1898—1922 年),斯坦利要求总办转达他的回复。在信中,斯坦利同意福勒关于罚款太低导致无效,并进一步指出,会审公廨在处理罚款时,面对执照奶棚和无照奶棚是无差别审理的。在斯坦利看来,无照牧场才是最大的危险源,因为他们将牛奶从界外偷偷运入租界地区销售。斯坦利认为只有施行更严厉的罚款和监禁才能改善这一情况,即使将这些牛奶棚牧场的执照吊销,也不能阻止其继续犯罪。因为这些牛奶棚会更改执照的名字,转移到他人名下,这样就可以在下次被罚时,作为初犯,从而获得会审公廨的从轻发落。

不过,斯坦利也为自己的工作辩护道,之所以不能有效监督的原因是人手不够。随着江浙战争的爆发,稽查员数量减少,但与此同时,租界人口又骤增。工部局的卫生稽查员在 1910 年有 19 名,1913 年有 20 名,至 1921 年,却减少到 15 名。这意味着,人口增长

---

① Milk Supply, Annual Report of the Shanghai Municipal Council 1921,上档,U1-1934。这个姓名也可能是化名。

60%的情况下,稽查员的数量却减少了33%。虽然福勒在信中已经指出这一点并不能成为解释的理由。但是斯坦利强调对牛奶棚的监督,只是卫生稽查员日常工作中的一项,所以需要培养大量受过训练的工作人员,有效保障和推行这项监察工作的开展。

斯坦利也指出,提供纯净安全的牛奶,是在最好的条件下也难以达到的"理想"。在他看来,目前租界内的执照牛奶棚,总体情况还是让人满意的。所有执照牛奶棚在牛棚中都铺设水泥地面,并设置装瓶间,门窗尽量做防蝇处理,水源也来自自来水公司。他重申自1908年卫生委员会会议中的报告,行政监督很难确保解决卫生供应。个人在饮用时要先以烹煮的方式来实现彻底消毒。其次对待牛奶问题就像对待供水那样,实行有序地控制。

牛奶问题在当年12月21日的工部局董事会议上再次被讨论,董事们普遍都认可会审公廨在判罚时,可能过于拘谨和保守。不过总办鲁和向董事们保证,工部局将拒绝给那些屡次违章的牛奶棚颁发执照。这次会议还决定,由卫生处长斯坦利挑选几个情况恶劣者,予以撤销执照,以儆效尤。①

在1923年1月可的牛奶公司股东会议上,作为股东的朗布尔(V.J.Rumble)再次提到上海的牛奶问题。他强调公共租界须严防不洁牛奶,特别是租界外牛奶进入租界后,要严密检查。他认为应当对那些屡犯规则的业主予以重罚,在他看来,工部局目前的惩处力度相比于欧洲和美国的条例,还是较为"仁慈"的。只有重罚和吊销执照,才能消灭不卫生的情况。②

(二)市政牛奶站

斯坦利在回复福勒的信中提到,除了防范牛瘟外,还要建立一

---

① 《工部局董事会议录》第21册,第723页。
② Pure Milk,《字林西报》1923年1月6日,第4版。Pure Milk,《字林西报》1923年1月3日,第8版。《取缔不洁牛乳之西论》,《申报》1923年1月4日,第18版。

个市政牛奶站,对租界内生产的牛奶,统一购买、测试、装瓶和投递。但是这样一个标准化消毒和配送的牛奶站,需要投入大笔资金,①也会导致牛奶价格的上涨。而对这种做法是否真正能改善牛奶品质,斯坦利也存有疑虑。②

关于市政牛奶站的设想,斯坦利早在1905年至1910年就曾提出过,当时由于预算问题而被搁置。在20世纪20年代的讨论中,这项提议再次被提出。诺布尔(J.Noble)曾投函《字林西报》,申明这种做法还有利于控制奶价。在他看来,这是工部局掌控局势的好方法。由工部局建立仓库,向各牧场收取乳制品,所收取的产品必须在工部局标准之上,工部局给所有生产商的收购价是统一的。然后,由工部局负责出售所有产品。任何在租界内自行出售和投递奶制品的行为都会收到工部局的控告。③朗布尔也希望工部局接管整个公共租界的牛奶供应,建立一个市政牛奶站。从朗布尔的主张中可以看出,他和之前的福勒以及卫生处长斯坦利的意见都有相似之处。④

这种看似理想的想法,且不说生产商是否同意,很快就被其他消费者所反对。一位自称"支持者"的读者在给《字林西报》的信中写道,这样做就意味着来自各牧场的牛奶必须混合,他希望看到自己所喝的牛奶是在怎样的环境下生产出来的,而不是从不明的奶牛或者中国母牛身上获取来的。⑤

(三) 华人问题

多数租界外人将牛奶问题归结于华人身上,对华人的不信任,

---

① 斯坦利提到,在英国的格拉斯哥,类似的牛奶站在初步预算时就达到了2 300英镑。
② Milk Supply, Annual Report of the Shanghai Municipal Council 1921,上档,U1-1934。
③ Pure Milk Supply,《字林西报》1923年1月12日看,第4版。
④ Pure Milk,《字林西报》1923年1月6日,第4版。Pure Milk,《字林西报》1923年1月3日,第8版。《取缔不洁牛乳之西论》,《申报》1923年1月4日,第5张第18版。
⑤ Pure Milk Supply,《字林西报》1923年1月15日,第4版。

主要来自两方面。一方面,当时租界地区的西人雇用了大量华人作为仆人,在外侨看来,家里的华籍仆佣和厨役并不可靠,他们和牛奶商密谋,以次充好,甚至从牛奶商手里收取回扣,购买那些变质的牛奶。牛奶棚中的华籍雇工、华籍送奶工也同样对牛奶安全造成威胁。①"如果把生产、分配和处理牛奶的事务交给中国人,那么唯一安全的保障就是巴氏消毒或者将牛奶煮开消毒。"②会审公廨曾审理过一宗牛奶棚罢工案件,起因是业主发现自己雇用的送奶工在牛奶中加水,便呵斥了他几句,结果送奶工怀恨在心,第二天早晨唆使其他伙计罢工,最终闹到会审公廨才解决。③

另一方面,在外人看来,华人牛奶棚问题严重,卫生情况堪忧。1923年1月5日的《字林西报》刊登了一位兽医对康脱路(今康定路)上三家华人牛奶棚的调查。这三家都被工部局处罚过,前两家不但设施简陋,且不注重卫生,例如没有排水设施、屋内光线昏暗、用于洗瓶的水没有加热、用于挤奶的牛可能患有牛瘟,作业场所有患传染病的小孩出入等。第三家则相对较好,具体表现在奶牛的隔离措施到位、屋内采光明亮、铺设了排水管道。当时,多数华人小资本牛奶棚都遭受了牛瘟威胁,兽医官推测,华人业主为了保证生产,一来是继续出售病牛所产之奶,二来是在牛奶中掺水。④

但也有人对此提出质疑,如一位住在康脱路29号的居民埃尔伍德·瓦尼(Ellwood Varney)就并不认为所有中国人的牧场都不干净,他还认为外国人经营的牛奶棚也同样存在类似问题。还有署名为"纳税人"的读者给报纸写信,声称并不仅仅是中国商人支

---

① Milk Supply, Annual Report of the Shanghai Municipal Council 1923,上档,U1-1-936。
② Health Matters, Annal Report of the Shanghai Municipal Council 1922,上档,U1-1-935。
③ 《牛奶棚伙唆众罢工》,《申报》1917年10月6日,第11版。
④ Shanghai's Milk Supply,《字林西报》1923年1月5日,第9版。

付回扣,外国牛奶棚同样存在这种情况。①

由于牛奶问题日趋严峻,牛奶生产商也抓住这一"危机",在广告中突出西方管理,以证明产品的安全性。例如,红字牛奶(Milkmaid)就强调自己的挪威出身,标榜纯洁和没有危险。②可的公司也在广告中强调自己的产品是"由外商管理",并在广告中承诺,绝对不会提取牛奶中的脂肪。③

无论如何,公共租界现在需要针对牛奶棚,制定更为严格的执照规则。④

第二节 建立等级制度

一、建立委员会

朗布尔为了唤起租界居民对牛奶问题的重视,致信《字林西报》。在他看来,要保障牛奶的安全,第一步就是要让每一个人都意识到问题的严重性。他声称:"要在租界内找到3 000人去卡尔登跳舞是很容易的,但是要找出6个人参加牛奶问题的会议,就比较困难了""人们应当去看看牛奶的生产环境,包括奶牛的喂养和牛奶的存放,还要关注工部局每周公布的牛奶检查结果"。⑤

事实上,公共租界中不乏关心此问题者,他们很快就在1923年1月11日召开了一次会议,讨论租界内改良牛奶的办法。此次

---

① The Milk Supply,《字林西报》1923年1月10日,第4版。埃尔伍德此人被华商牛奶棚自由农场聘用的,因自由农场也位于此条马路上,可能为避免影响自家生意,不得不请人出面说明,《牛乳公司组织公会之动议》,《申报》1923年1月9日,第14版。Ellwood Varney's Letter to The Shanghai Municipal Council, 1923年1月18日,《上海公共租界总办处关于牛奶棚纯净牛奶供应事》,上档,U1-3-1352。

② Milkmaid Milk,《北华捷报》1923年1月20日,第4页。红字牛奶(Milkmaid)原是英瑞炼乳公司旗下品牌,产品面市时面向欧洲城镇消费者,后业务扩展至海外。

③ Culty Dairy Co.Ltd.,《字林西报》1921年5月23日,第1版。

④ The Milk Supply,《字林西报》1923年1月13日,第4版。

⑤ Shanghai's Milk Supply,《字林西报》1923年1月6日,第4版。

会议,被看作是第一次有组织的集中各种公众意见。在会议中,推选包括朗布尔在内的 6 人作为代表,与工部局进行接洽,商议组织顾问委员会等事宜,同时提交会议内容和改良办法。其所提交工部局的牛奶改良办法,主要有十条:

1. 充分施行兽医检查,由工部局兽医官负责。

2. 由工部局筹设病畜场,如奶牛患某项病症者送往调养。

3. 各领照奶棚应将当日所售牛奶详确登记,由工部局稽查员按期前往检查,而与所养奶牛应得奶数相核比。此项检查须应兽医官之指挥。

4. 各奶棚应将各项交易具报工部局。①

5. 各牛如有患特殊病症者该奶棚应随时报告工部局。

6. 违章者应处以较重罚则。

7. 奶棚领照章程应即从严改订,并须具有下列各款:(甲)各奶棚位置及建筑方法(乙)奶棚内整理清洁方法(并包含办理白垩等而言)(丙)将乳装瓶及保储方法(丁)所售牛奶质量(戊)同业拆货办法(已)奶瓶及用具之形式(庚)奶瓶及用具之洗涤(辛)冷水热水之供给。

8. 全体牛奶供给应由工部局收集而分配之。

9. 工部局应办理病牛奶毙后之迁移湮灭等事。

10. 牛奶之产生及供给用户情形,应采用欧美最新方法并酌量地方情形从善办理。②

---

① 这样就可估算一年内每头奶牛每月可以生产多少磅的牛奶,从而可以知道是否有问题。见 Shanghai's Milk Supply,《字林西报》1923 年 1 月 8 日,第 12 版。

② Shanghai's Milk Supply,《北华捷报》1923 年 1 月 20 日,第 169 页。《改良牛奶事宜之讨论》,《申报》1923 年 1 月 14 日,第 14 版。

以上内容集合了之前讨论的主要内容。如第一条在和第九条,早在会议召开前的一次非正式讨论中,就有人提出,应当任命一名官员负责彻底调查牛奶生产的情况,特别是涉及卫生的各环节,包括投递和装瓶过程。更重要的是,这名官员应当是专业兽医出身,能第一时间发现牛瘟的爆发。他还必须具备对痢疾、白喉、霍乱和牛痘及其他伤寒病方面的知识。而工部局则应授予其相应的权力,处死危害健康的病畜,或者焚毁那些极度肮脏的牛奶棚。第六条则不断被重申,从卫生处长斯坦利的言论、可的公司股东会上的股东发言到消费者个人,舆论都倾向于施行更为严厉的处罚机制。有人认为除了惩罚掺水行为外,还要禁止在牛奶中添加不利于消化的防腐剂。对"重罚"的具体尺度,有人认为初次罚款就应从 100 元开始,第二次罚款则判以 300 元,第三次则判罚 500 元,同时在一段时间内停业。①

工部局总办连同公共卫生处,很快就和代表们举行了会谈,双方之间对于改良办法并无太多分歧。不过,委员会迫切需要得到正式任命,成为工部局内必要的顾问,这样才能对牛奶棚实行彻底的调查。同时,代表们要求法租界公董局派出代表,担任该委员会委员。这次会议讨论的内容被抄送给工部局各董事。②1923 年 2 月 28 日,工部局董事会上批准成立纯净牛奶委员会,并邀请法租界公董局向该委员会派出代表。③3 月 14 日,董事会增补顾问委员会委员,并向他们发出邀请函。④4 月,法租界公董局向该委员会派出代表谢里登(Mr. H.J.Sheeridan),工部局董事会随后指示,任命弗雷泽(Mr. J.W.Frasser)为该委员会的秘书。⑤在 3 月至 4 月举行

---

① Shanghai's Milk Supply,《字林西报》1923 年 1 月 8 日,第 12 版。
② 《改良牛乳问题》,《申报》1923 年 2 月 23 日,第 14 版。《工部局董事会议录》第 22 册,第 624 页。
③ 《工部局董事会议录》第 22 册,第 628 页。
④ 《工部局董事会议录》第 22 册,第 629 页。
⑤ 《工部局董事会议录》第 22 册,第 636 页。

的纳税人会议上,巴屈烈克医生(Dr. H.C.Patrick)报告了牛奶委员会的组织情况及所商讨的保障牛奶安全的办法。①至此,纯净牛奶委员会(Pure Milk Supply Commission)得到了正式认可。

同年 5 月底,该委员会向卫生处提交了职权范围文件,旨在"为维护出售牛奶之纯洁度以及保证向租界和受工部局管理的界外马路居民供应新鲜牛奶起见,本委员会负责调查上海及领近地区牛奶供应的管理状况,并且向工部局提出委员会认为可取的和实际可行的建议",该事项得到卫生处同意。②

委员会的建立,为租界内牛奶供应提供政策指导。委员会在当年经 14 次会议讨论后,于 1923 年年底向总办鲁和提交了一份报告,供工部局参考。

在这份报告中影响最大的一点,就是参照欧美各国的标准建立一种执照等级制度,即按照执照牛奶棚的卫生等级,分成两种——A 等和 B 等(又称甲等和乙等,又有俗称"A 字"和"B 字")。A 等执照不但要求牛奶棚要有一个卫生的环境,同时还提出牛只必须健康无病,力图为租界居民提供在当前状态下"高标准的""完美"的牛奶。至于 B 等执照,则是在改善现有卫生情况的基础上,能在最大程度上消灭各种传染病。③

卫生处对以上规则是支持和赞同的,只是在执照计划的细节方面,给予一些修订和补充。如卫生处的希尔医生(R.A.P.Hill)提醒委员会注意,在 A 等执照计划中遗漏了两点可能致病的因素:使用天然冰和"带菌者"(carriers)。他举例道,如果一个中国

---

① 《纳捐外人联合会之议事日程》,《申报》1923 年 3 月 12 日,第 13 版。《昨日之纳捐人联合会》,《申报》1923 年 3 月 13 日,第 13 版。《公共租界纳税外人年会纪》,《申报》1923 年 4 月 17 日,第 13 版。《公共租界纳捐外人常年会纪》,《申报》1923 年 4 月 19 日,第 13 版。

② 《工部局董事会议录》第 22 册,第 646 页。

③ Report of the Pure Milk Supply Commission, Annual Report of the Shanghai Municipal Council 1923,上档,U1-1-936。

挤奶工人感染了白喉,白喉病菌就潜伏在他的喉咙,在他挤奶的时候,随着咳嗽,由唾沫和手进入牛奶中,致使牛奶中带有白喉菌。带有细菌的牛奶导致人感染而致病的说法,在当时并不鲜见。希尔继续以其他国家和上海本地的各种疾病来强调对"带菌者"的重视。1922年和1923年,上海本地发现的几起霍乱,究其原因,就是牛奶和冰激凌中带有感染霍乱的细菌。希尔由此提议,在A等执照计划中加强对工人的身体检查,特别是在霍乱流行的夏季,①并在修改时,针对第六条,加入"患有传染病或新近患者"。②

其次,委员会发现阻止界外无照牛奶的努力收效甚微。他们认为,这是因为每当执照牛奶棚中有牛只患病,就会影响产量,无法及时供应客户牛奶,所以不得不向其他牛奶棚,特别是界外无照牛奶棚收购牛奶,这就大大增加了传染疾病的可能性。③

据此,委员会希望能任命一名独立于卫生处之外的工部局兽医官,这个意见是委员会咨询了记洛兽医(DR.Keylock)所提出,委员会认为供应纯净牛奶,最首要的问题就是保障牛体健康,其次是要认识到卫生处稽查员并不足以判断出所有的疾病,所以他们不能有效阻止疾病传播。在此基础上,当地牛奶棚每三个月的检查并不足以避免感染结核病、牛瘟和其他疾病,应将周期缩短为每六周检查一次。最后,兽医应高度关注租界内因病死亡的牛只和出现在租界道路上的病牛。委员会希望任命的兽医官能拥有更广泛的监督权。此前,监督牛奶棚的工作一直置于卫生稽查员之下,委员会认为应当将这项工作授予新任兽医。报告中,还以美国、英国、加拿大、澳大利亚为例证,当时这些国家都拥有数量众多的兽

---

① Further Comment on Report of Pure Milk Commission, Annual Report of the Shanghai Municipal Council 1924,上档,U1-1-937。

② Comments on Recommendations and Revisionl, Annual Report of the Shanghai Municipal Council 1924,上档,U1-1-937。

③ Shanghai Milk Supply,《北华捷报》1924年2月2日,第160页。

医官,从事监督牛奶和其他动物性疾病的工作。①

卫生处长台维司(C.Noel Davis,1921下半年—1930年)并不同意将兽医官独立于卫生处之外的意见,虽然他同意设立2名兽医,但即使要任命兽医,也必须经过卫生委员会授权,且在卫生处的控制之下。在给牛奶委员会最初的评论中,台维司认为每三月一次的检查已经足够了,并且不同意由出自同一家诊所的兽医来颁发检验证书。当时工部局已开始考虑筹设食品牛奶棚菜场股(Food, Dairies and Markets Division),这个部门由一位有20年经验的稽查员领导,其他稽查员都受过专业训练,显然不可能再聘请更多的兽医官。②

鉴于牛奶事务的重要性,卫生处于1924年4月1日,成立食品牛奶棚菜场股,与此前的兽医股(Veterinary Division)一起对牛奶和牛奶棚进行监督管理。③这个新部门曾被看成是"亚洲各国所办最有效率者之一"④。

1925年3月5日,工部局正式发出第3333号牛奶棚执照通告,将执照奶棚划分为甲乙两个等级,月底又发出3341号通告——牛奶棚建筑规定。甲级(Grade A)执照规定和牛奶棚建筑规定于同年10月生效,而对乙级(Grade B)则定于1929年10月生效,⑤此条款在1928年做了部分修正,并重新作为工部局第3683号向公共租界内外通告。⑥

---

① Memorandum r Appointment of Municipal Veterinary Surgeon, Annual Report of the Shanghai Municipal Council 1923,上档,U1-1-936。

② Preliminary Comment on Report of Pure Milk Commission, Annual Report of the Shanghai Municipal Council 1924,上档,U1-1-937。

③ Food, Annual Report of the Shanghai Municipal Council 1924,上档,U1-1-937。

④ 彭祥冀:《上海公共租界工部局卫生行政实习报告》,中国国民党中央政治学校、南京图书馆编《二十世纪三十年代国情调查报告》第251册,凤凰出版社2012年版,第24页。

⑤ Milk Supply, Annual Report of the Shanghai Municipal Council, 1925,上档,U1-1-938。

⑥ 《工部局关于牛奶营业之公告(一)》,《申报》1928年2月17日,第14版。《工部局关于牛奶营业之公告(二)》,《申报》1928年月18日,第14版。

实行等级执照后,很多牧场开始进行改善。1925年,牛奶股报告称,当年许多牧场增添了照明和通风设备,扩建了牛棚,大部分都安装了蒸汽锅炉,用于加热以便清洗奶瓶及其他乳制品用具。①1926年,有些牧场安装了新式牛栏和牛颈枷。历时三年的改良奶瓶计划,也于1926年完成。所有公共租界执照牛奶棚都不再使用啤酒瓶,而换以美国进口的广口奶瓶。②1927年时,33家执照牧场中有31家装有蒸汽锅炉,没有安装的2家为外商牧场。③1928年,有些牧场安装了自动饮水碗装置。④

二、强制消毒

为了进一步改善本地牛奶棚的卫生状况,获取更纯净的牛奶。1925年经牛奶委员会建议,工部局牛奶股开始采用英国卫生部的细菌标准检验牛奶样品,1928年4月1日起,工部局对甲等执照牛奶棚所产牛奶及巴氏消毒牛奶施行新的细菌标准:以平板计数方法(plate count)计,每毫升巴氏消毒牛奶中细菌总数不能超过3万只,每0.1毫升内不能出现大肠杆菌(B.coli);甲等执照牛奶棚未经消毒之牛奶每毫升中,细菌总数不应超过20万只,每0.01毫升内不能出现大肠杆菌。但当时消毒并不是一种强制性措施,也不是所有甲等执照牛奶棚都装备了巴氏消毒设备,即使拥有该设备的甲等牛奶棚,仍然向市面上提供未经消毒的生奶。直到1932年,当年的8家甲等执照牛奶棚才全部开始以巴氏消毒法生产牛奶,工部局也规定从当年开始,甲等执照牛奶棚禁止在租界内销售

---

① Dairies and Milk Supply, Annual Report of the Shanghai Municipal Council 1925, 上档,U1-1-938。

② Dairies and Milk Supply, Annual Report of the Shanghai Municipal Council 1926, 上档,U1-1-939。

③ Dairies and Milk Supply, Annual Report of the Shanghai Municipal Council 1927, 上档,U1-1-940。

④ Dairies and Milk Supply, Annual Report of the Shanghai Municipal Council 1928, 上档,U1-1-941。

生奶。而针对乙等执照的细菌标准,则于1933年7月1日生效:每毫升牛奶中,细菌总数不超过100万只,每0.001毫升中不能出现大肠杆菌。①

执行细菌标准的目的是提供更干净纯洁的牛奶。如前文所述牛奶和疾病的关系早已为人所知,其中尤以结核病最受关注。早在1900年,工部局兽医经过检验,发现牛奶棚每5头牛中有一头患结核病。②1917年后,各乳牛场都有牛只患结核病,且越来越严重。③1925年后,经牛奶委员会提议,工部局卫生处批准6名注册兽医加强对结核病菌的检验。1930年2月,工部局批准在细菌检查中增加结核菌检验一项,以便及时发现疫情。从1932年5月后,这项检查被固定下来,目的在于让工部局卫生处了解各牛奶棚内结核病流行情况,以及使牛奶棚业主和民众,注意这种病症,以防止其蔓延。④根据年报显示,公共租界执照牛奶棚内自1924年后,感染结核病的动物数量每年都在上升。

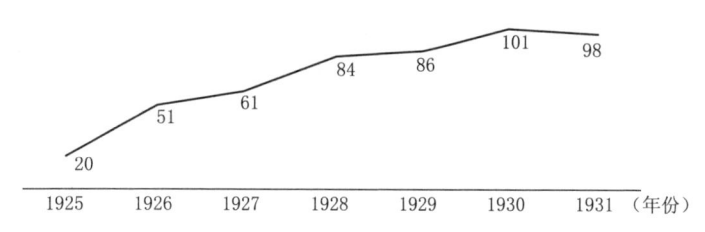

图 3-2 执照牛奶棚中患结核病动物的数量(%)

资料来源:Cattle Disease, Annual Report of the Shanghai Municipal Council, 1925—1927,上档,U1-1-938~940。

---

① Milk Supply, Annual Report of the Shanghai Municipal Report, 1932,上档,U-1-1-945。Milk Supply, Annual Report of the Shanghai Municipal Report, 1933,上档,U-1-1-946。《为修正牛乳场执照规则事》,《上海公共租界工部局公报》第4卷第29期,1933年6月,第404页。平板计数法是一种统计物品中含菌数的有效方法。

② Milk Supply, Annual Report fo the Shanghai Municipal Council 1901,上档,U-1-1914。

③ 郝履端、严炎:《上海市乳牛场调查》,《农业通讯》1947年第5期,第43页。

④ Milk Supply, Annual Report of the Shanghai Municipal Report, 1932,上档,U-1-1-945。

当时除甲等执照提供的消毒牛奶外，还有大量未经消毒的生奶和乙等牛奶，这些生奶和乙等牛奶在结核菌检查中经常被查出有结核杆菌，1930年比率为8.86%，至1932年上升为14.06%，促使工部局急需采取措施来改善这种状况。1932年12月，工部局卫生处长朱尔登(J.H.Jordan 1930—1942年)曾在卫生委员会会议时提到，虽将牛奶按等级划分，并实行检验，但乙级牛奶的品质一直不佳，为保证界内牛奶品质之计划，由卫生处建立新式消毒所，对界内乙等牛奶实行统一消毒，可以降低饮用牛奶的风险。他特别提出，虽然建立这样一个消毒厂耗费不菲，但可以采取每品脱收费"银三分"，这样经营"尚可盈利""而无须以捐税开支"。①但此建议被财务处长以财政紧迫、消毒厂并非市政之绝对必要为由拒绝了。工务处处长则担心，如果规定从严，会不会导致乙等牧场迁出租界，致使部分牛乳不在工部局控制范围内。也有人认为此厂之设立，"似乎工部局将与甲等牛乳厂为营业的竞争"，最好是将该厂由私人办理为宜。当时已有两家商行向卫生处长接洽，愿意建立一所消毒厂。②不过，所有参会人员都同意"牛乳普行消毒之必要"，为此，可以组织一个小委员会，审议后再做打算。此次会议之经过，于12月21日工部局董事会再次讨论，董事们赞同组织委员会的办法。③

建立消毒厂的计划促使工部局再次组建牛奶委员会，同时，卫

---

① 兽医的此项提议亦反映在提交给卫生处的报告中，参见 Milk Supply Pasteurization of Grade "B" Milk，《上海公共租界工部局卫生关于牛奶委员会的组织章程》，上档，U1-6-1769。

② 《乙等牛乳消毒问题》，《上海公共租界工部局》第4卷第11期，1932年12月，第5—6页。

③ 《医药杂讯：工部局筹议牛乳消毒办法》，《卫生杂志》1932年第5期，第20—21页。《工部局筹议牛乳消毒办法》，《申报》1932年12月24日，第12版。《工部局筹议牛乳消毒办法》，《申报》1932年12月24日，第12版。《乙等牛乳消毒办法案》，《上海公共租界工部局公报》第4卷第1期，1932年12月，第20—21页。

生处常规的牛奶检查,证实了牛奶消毒的必要性。在1933年的122例细菌检查中,不达标者有52例,占全部样品的42.62%,而直接从牛奶棚取出的10个样品,则全部通过细菌标准。这一对比,说明不洁牛奶的来源可能不再是挤取的过程,而来自随后的处理和运送。①

1933年5月,牛奶消毒委员会经工部局董事会筹议,组织袁履登等四人成立调查委员会,可以说是继承了此前纯净牛奶委员会的工作,主要以研究界内牛奶消毒问题为己任。首先要考虑的就是牛奶强制消毒问题。特别是针对乙等牛奶,要施行一种最方便有效的办法。其次,要研究成立市政消毒厂的可行性,决定其到底是属于市政当局,还是由私人经营。如果由私人经营,那么是交给一家垄断,还是由多家合办。再者,要调查各执照牛奶棚主的意见,在尽量避免双方利益冲突的基础上,制定消毒管理的办法。最后,考虑如何防止牛类疾病,及施行预防注射的办法。调查委员会将这些内容提交工部局董事会讨论。同时,鉴于当时上海特别市卫生局已开始登记华界地区牛奶棚,工部局卫生处在禁止界外牛奶私自运入租界内销售外,开始接洽上海市卫生局,以便能互相承认彼此的执照。②

新委员会成员们很快就行动起来,1934年10月,牛奶委员会在经过调查研究后,向董事会提交报告。

报告中首先提出将所有乙等牛乳及制品,一律强制消毒。其理由是上海地处气候温暖之地,牛奶在此条件下,发生疾病的危险性大大提高,因此,很有必要对牛奶实行消毒,以减少疾病发生的几率。况且,施行消毒之后,牛奶售价也未必一定上涨,考虑到当

---

① Milk Analysis, Annual Report of the Shanghai Municipal Council 1933,上档,U1-1-946。
② 《公共租界内牛乳供给问题》,《上海公共租界工部局公报》第4卷第21期,1933年5月,第14页。《工部局派定委员会审议牛乳消毒问题》,《申报》1933年5月13日,第11版。

时市场上竞争激烈,则售价可能还会便宜。报告还进一步指出,上海本地牛只极易患传染病,工部局卫生处应积极开展预防工作,防止损失过巨,最好制定隔离办法。此外,报告中还强调即使实行了全面消毒,现存的执照等级仍应继续维持。董事会随后修正了部分意见,给予乙等牛奶棚充裕时间做准备,此项消毒办法定于1936年6月30日实行。经卫生委员会审议,通过了这份报告中提出的意见。①

其次是关于之前所提议的消毒厂计划,遭到反对。多数人反对的理由是认为工部局设立消毒厂,有干涉商业的嫌疑,可能会被乳场抵制。卫生处长曾考察丹麦一种新的消毒办法,以便能移植到上海,但牛奶委员会认为这种新方法,可能有未完善之处,并不适用于上海。对于工部局设立消毒厂的办法,牛奶委员会经过讨论后,也提出了三点反对意见:第一,这种做法将使各牛奶棚的牛奶无法辨认出何者生产,故必然遭到生产商的反对。第二,甲等牛奶场将会失去现有优势地位,也不会赞同这个计划。第三,工部局是否能将界内所有的牛奶都交给消毒厂消毒,这也很难说。况且,在牛奶委员会和乙等乳场代表们讨论之后发现,乙等乳场并不反对消毒,却反对设立一所谓的"中央消毒厂"。还有一点,就是交给商人办理的话,至少要给予其五年特权。如果再规定不经过此厂消毒的牛奶不能在上海出售,那么一旦遭遇乳场抵制,牛奶供应就成了问题。所以这个计划被搁置了。②

1934年底,上海爆发口蹄疫,以黄牛和水牛居多,随后波及乳牛,死亡率高达70%,流行范围在南市和闸北一带,牛只患病致死者将近一半。当时,上海商品检验局、上海市卫生局和公共租界工

---

① 《工部局董事会议录》第26册,第469、473页。
② 《牛乳委员会报告书》,《上海公共租界工部局公报》第5卷第50期,1934年10月,第13—15页。

部局兽医处合作,两度开会集议,决定举办大规模之检验。①这也提醒工部局卫生处再次考虑牛奶委员会所提出的消毒和隔离办法。工部局兽医处已配备常任兽医,每三个月检查一次甲等牛奶棚中的牛;每六个月检查一次乙等牛奶棚中的牛,此外,还时有临时检查。②尽管如此,工部局卫生处仍然认为,应当制定更严格的章程,对消毒和隔离办法作出具体规定。1935年5月16日,由总办处发布第4594号公告《乳场隔离及消毒规则》,规定一旦在领照牛奶棚发现疫情,将彻底实行各种隔离和消毒办法,以防止病情扩散。③

工部局为进一步加强牛奶的安全,提高牛奶的品质,鼓励租界内更多的领照牛奶棚能参与结核菌检验,于1936年5月11日开会讨论,拟定一规则,对结核检验无反应者,可在甲等牛奶瓶盖上加印"T.T."(即 A.T.T.,"T.T"即 Tuberculosis Test,意为已经结核检验)字样,此检验并非强迫,但对于主动请求检验者,考虑给予一定的奖励,此项提议经董事会于5月13日通过。④

但董事会很快收到记洛马兽医诊所(Messrs. Keylock & Pratt)的一封来信,兽医们同意检验方案,但认为工部局应推迟出售"甲级"结核菌素检验(Grade "A".T.T)牛奶(原规定在7月1日生效)。卫生处长朱尔登答复称,如果推迟施行,则对那些已经采取检验的牛奶场来说是不公平的。况且,卫生处已决心在租界内消灭结核菌。总董安诺德(H.E.Arnhold)随即询问董事会成员,是否

---

① 《兽疫防治所防止口蹄症流行》,《申报》1934年12月26日,第11版。《牛乳与食牛影响》,《申报》1934年12月27日,第11版。
② 此规定为1931年6月4日第4095号通告公布——《为修正牛乳棚执照条例事》,《上海公共租界工部局公报》第2卷第24期,1931年6月,第1页。
③ 《第4594号(为新订领照乳场隔离及消毒规则事)》,《上海公共租界工部局公报》第6卷第21期,1935年5月,第2—3页。
④ 《工部局鼓励检查牛乳结核症 下半年始牛乳一律消毒》,《申报》1936年5月14日,第13版。

要推迟检验规则。卫生处长之后开始回答各位董事的提问,他在回答中指出,卫生处此项工作从18个月前就开始了,租界内所有牛奶场对其意图应该已经了解,且要求推迟此项规则的意见并不普遍。所以,他不同意延迟,总董和其他两位董事也对他的看法表示支持。最后,会议进行表决时,一致决议不予批准记洛兽医诊所的请求。①

时隔未久,因此规则引发诸多议论。如有人认为牛奶不应分等级,只要出售品质最优良者即可。工部局卫生处回应称,之所以提倡结核菌检验,一则要保持牛体健康,再则是儿童的肺结核多感染自牛类的结核菌。②可的牛奶公司举行年会时,该公司经理记洛(H.E.Keylock)认为,如需遵照工部局此项规则办理,则公司至少须花费15万元至20万元用于购买牛只、建筑房舍、添置机器和雇用员工。而且,此项规则实施后,每年将出现5%—30%的牛只淘汰率。他表示,对结核菌的态度,只有彻底实行杀菌法才能消灭,而不是结合菌检验所能起到效果。且结核菌检验,实际上是检查牛体,并非检查牛奶,容易引起消费者的误会。再者,检查往往存在误差和不准确。比如发现结核菌不多,但确导致传染结核病;抑或检查结果为牛只患结核病,但牛奶检验却无问题。③

卫生处长朱尔登特为此事,于10月21日发表声明,回答称,结核检验并非强迫,纯属自愿,如果领照乳场不愿接收检查,完全可以"置身事外"。至于公众误读,卫生处曾向公众声明,"T.T."牛奶并不保证绝对没有结核病菌存在。至于检验是否可行,他声称此项检查,世界各国都已施行,言外之意就是上海也不能例外。卫生处对于结核检查以及其他使牛只免疫方法,曾仔细研究过,结

---

① 《工部局董事会议录》第27册,第485页。
② 《租界卫生当局谈 牛乳结核检验本旨》,《申报》1936年6月22日,第10版。
③ Shanghai's Milk Supply, *Shanghai Times*, 1936年10月16日。

果是"殊无理由与世界各国潮流背道而驰也"。灭菌法虽然也可以防御疾病,然犹属于"第二道防线"。他进一步强调:"预防胜于治疗",将结核菌检验看成是防止细菌的第一步,那么防菌胜于灭菌则不言而喻了。①

虽然反对者不少,亦有人认为生牛奶比消毒牛奶好,卫生处还是决定施行强制消毒,由总办颁发第4709号通告,从1936年7月1日起,所有领取工部局执照的乳场所产之牛奶及奶制品,一律强制消毒。②此后,为了防止有人将生牛奶混入消毒牛奶中销售,试验室化验时增添了磷酸酶法。③法租界在1937年7月5日公董局会议上议决:"凡在法租界贩售之牛乳。概须于1939年1月1日起。执行巴斯笃消毒(即巴氏消毒法)"④,此项规定被进一步强化为《牛乳牛酪及乳制品应用巴斯德灭菌法章程》,并于1939年1月13日公布。⑤1942年7月,公董局将牛奶棚分为A、B、C三个等级,A级牧场牛只经结核菌素检验后,无阳性反应者,可加"T.T."印戳。据1942年调查,领取公董局执照的牛奶棚中,A.T.T有4家,A级有11家,B级有8家,C级有15家。⑥

三、华人的努力

1920年后,华商开始积极介入奶制品市场,不仅开设牧场,还

---

① 《租界当局要检查牛结核症,引起可的公司反抗》,《社会医药》1937年第4卷第4期,第568页。
② 《为牛乳强制消毒事》,《上海公共租界工部局公报》第7卷第23期,1936年6月,第1页。
③ Annual Report of the Shanghai Municipal Council 1937,上档,U1-1-94。
④ 《上海法租界公董局通告》,《上海法租界公董局关于牛奶、奶酪及牛奶产品加热的章程》,上档,U38-1-2021。
⑤ 《通告》,《上海法公董局公报》1938年第343期,第2页。《通告》,1938年10月20日,《上海法租界公董局关于牛奶、奶酪及牛奶产品加热的章程》,上档,U38-1-2021。
⑥ Classification des Laiteries, 1942年7月10日,《上海法租界公董局关于牛奶棚的规则》,上档,U38-1-2020。

成立股份制公司。在本地鲜奶市场,先后出现自由牧场、蓄植公司、元元牛奶公司等华资厂商开办的企业。这些华人牛奶商,多是受过教育,且具备丰富经验的专业人士,与之前的乡民有很大差别。例如自由农场经理尤志迈(也称"尤怀皋"),①作为同业中少数农学专业出身的商人,其创办的自由农场在1923年就引进了美国设备,用于对奶瓶的杀菌。②

同租界一样,华界当局也着手进行卫生改良,牛奶检疫也成为卫生事业中重要的一项。这项工作主要由上海市卫生试验所承担。后者创办于1925年,1926年隶属于淞沪督办公署,后改由上海市卫生局主管。对牛奶的检查要点包括:牛奶比重、脂肪含量、酸度、外观上不可区别之混合物(即非脂固体)和细菌检查。其中,对细菌检查注重牛体有无结核病或炭疽症。③这些检查分别由化学部和细菌部承担。起初样品检验数量并不多,1927年有77例,1929年有68例,主要针对华界地区,此后随着市政的统一,样品数量有所上升,至1946年时,样品数量已有684例。④

---

① 尤志迈,字怀皋,江苏省吴县人,上海、苏州、杭州三处自由牧场总经理、中国奶粉厂股份有限公司总经理、中国农牧公司董事长。1887年生于苏州士绅九家,与著名文人包天笑是表兄弟;1913年毕业于美国康乃尔大学,获农业学士学位,专习畜牧、养禽、养牛、农场经济农场管理等。还曾担任上海牛乳场联合会主席、牛奶业同人联欢社主席、上海乳品同业公会及两颜料公会理事等,是周刊《家庭星期》的编辑和出版人。参见李元信编纂:《环球中国名人传略 上海工商各界之部》,环球出版社1944年版,第248页。
② 《新到消毒牛奶器》,《申报》1923年12月19日,第17版。
③ 《上海市卫生试验所工作概况》,《卫生月刊》1936年第1—6期,第274页。《上海市卫生事业之进行》,《申报》1926年8月28日,第14版。
④ 《上海特别市市政统计概要(1927年度)》《上海特别市市政统计概要(1929年度)》,张研、孙燕京主编:《民国史料丛刊》第162册,大象出版社2009年版,第170、455页。《上海市统计总报告(1946年)一》,《民国史料丛刊》第163册,第326页。1946年检验不合格者有219例。

表 3-2 1926 年 12 月卫生试验所化验牛奶样品比较表

	某西方牛奶棚	自由农场
乳表读数(在 12 ℃时)	124	115
比重	1.035 7(在 13 ℃时)	1.031 3(在 16 ℃时)
固体总数(%)	19.67	15.35
水(%)	80.38	84.66
灰质(%)	0.65	0.61
脂肪	6.24	5.35
蛋白质	5.68	5.68
每 CC 中含细菌	6/2 000	1/2 000

资料来源:《卫生试验所检验牛乳之报告》,《申报》1926 年 12 月 23 日,第 16 版。

从表 3-2 可知,华人开设的牛奶场也开始追求牛奶的品质,并努力使自己达到工部局的要求,并不逊于外商牧场。随着南京国民政府的建立和相关部门的筹设,华界卫生事业进一步发展。国民政府内政部于 1927 年 10 月 20 日公布《牛乳营业取缔规则》二十一条,经核准后,指定上海和北京为试验区域,自当年 12 月 1 日开始实行,并很快就在全国范围内推广。① 其实,自 1927 年上海特别市成立后,饮食卫生就是实现大上海计划的一个组成部分。市政府于 5 月 30 日核准公布《上海特别市卫生局牛奶棚管理规则》十九条。②1927 年 11 月 5 日开始实行的《卫生巡长办事细则》中,规定"每星期二,各巡长亲往各区内之牛乳棚取一瓶牛奶样送至

---

① (民国)内政部编:《内政法规汇编》第 2 辑,1934 年,第 124—125 页。《内政部近讯》,《申报》1928 年 10 月 21 日,第 6 版。
② 《上海特别市卫生局牛奶棚管理规则》,《卫生月刊》1928 年第 1 卷第 6 期,第 26—27 页。

试验所化验"。①此外,北京、广州等城市也先后在这一时期,以《牛乳营业取缔规则》为蓝本,加入适当增改,颁布乳品管理的相关法规。②

当时的上海市政府颁布管理规则后,一方面为进一步获取上海乳业情况,以便提供施政方针,另一方面,因市政府计划设立一个公共养牛场,上海市社会局派出调查员对浦西部分地区③和浦东的牛奶棚做一全面调查,并在此基础上提出改良牛种,设立种牛场,组织牛乳业合作社,政府提供低利率农业贷款等改良意见。同时,通过对51家牧场的调查,发现能遵守管理规则的寥寥无几。例如,管理规则中有一条——"自流井或自来水须经本局(卫生局)化验合格牛奶棚方准引供冲洗用",而当时浦东和闸北潭子湾(今上海中远两湾城)一带并无自来水,至于自流井,每家至少要花费数百元至数千元不等。多数小牧场使用的是河水或浅井水,调查员建议,可以请卫生局删改此条或者暂缓执行。此外,在这51家中,杀菌者只有8家,占15.7%。④

无论是国家层面颁布的《牛乳营业取缔规则》,还是上海特别市卫生局实行的《牛奶棚管理规则》,都没有实行等级制度的划分,仅仅对牛奶成分加以规定,制订了全乳比重在15℃时,为1.028—1.034,脂肪含量应为3.0%,和当时英美标准基本保持一致。⑤1930年,国民党上海地方党部向市政府提出要针对牛奶,"分别等级,以重卫生"。⑥1934年9月7日,上海市政府批准卫生

---

① 《卫生巡长办事细则》,《卫生月刊》1928年第1卷第3期,第36页。
② 《广州市卫生局修正取缔牛乳营业规则》,《广州市政公报》1925年第166期,第8—19页。《北平市管理牛乳营业规则》,《卫生公报》1930年第9期,第101—108页。
③ 此处不包括公共租界和法租界。
④ 《整顿本市牛乳业计划》,《社会月刊》1929年第6期,第3页。
⑤ 鲁葆如编著:《实用农艺化学》,商务印书馆1937年版,第295页。
⑥ 《四区十分部改选会》,《申报》1930年11月28日,第14版。

局将牛奶棚分为"甲""乙"两等的呈请。①

华商牧场虽然在资本规模上不及外商牧场,但是也在积极改善条件,争取获取执照。1928年有22家华商牧场取得工部局执照,1930年有20家,1931年有19家,牛奶产量占公共租界的50%,1932年,执照牧场为20家。②由于当时大部分华商牧场位于浦东和闸北,处于华界行政范围内,自1928年起,处于华界内的牧场还需要向上海特别市政府卫生局登记,因此,有些牧场在20世纪30年代有两三张执照。如果有的牧场只领有上海市卫生局的执照,却无工部局执照,则其所产牛奶也不能在公共租界销售,否则就要面临处罚。③不过鉴于上海市卫生局成立时经费和人手紧缺,检查力度实则非常有限,特别是在无照牧场和乡农养牛聚集的浦东,1935年统计时浦东地区有65家小牧场,但其卫生事务并不由卫生局直接管辖。④

第三节 等级制度与牛奶市场

一、外商占据主导的市场

越来越多的人开始喝牛奶,特别是中国消费者开始增加,上海本地牛奶市场也在飞速发展,至20世纪二三十年代时,上海牛奶市场上出现拥有雄厚资本和先进技术的牛奶公司。根据工部局

---

① 《上海市政府指令第一一四八九号:令卫生局:为据呈拟定牛乳乳质清洁标准并将牛奶棚分为甲乙两等一案准予照办令仰遵照由》,《上海市政府公报》1934年第149期,第109—110页。《市卫生局再定牛乳暂行标准》,《申报》1934年9月14日,第11版。

② Dairies and Milk Supply, Annual Report of the Shanghai Municipal Council 1928、1930、1931,上档,U1-1-941, U1-1-943, U1-1-944。

③ 尤志迈:《关于都市牛乳的意见》,《中国实业》第1卷第12期,第2277页。《费唐法官研究上海公共租界情形报告书》第3卷,张研主编《民国史料丛刊》第699册,大象出版社2009年版,第16页。

④ 吴德铭:《浦东乳牛事业调查报告》,《农学杂志》第3卷第3期,第116—119页。

1923年的调查显示,当时执照牧场42家,近一半位于公共租界和法租界。这些牧场中,华商牧场26家,拥有奶牛676头;外商牧场15家,拥有牛只801头。在外商牧场中,其中西方人开设的就有11家,并拥有640头牛。①华商牧场虽然在执照数量上和外商牧场持平,但是在牛只数量上却少于外商。如果将所有牛只数量除以执照牧场数量,那么每家牧场平均大约为35头,则华商牧场平均每家只有26头。

十年后,执照牧场数量几乎翻了一倍,但市场结构却几乎没有改变。在1935年的市场调查中,上海全市有执照牛奶棚64家,外商7家,华商57家,全部资本为2 977 600元(法币,下同),外商计1 215 000元,占40.8%,华商计1 762 600元,占59.2%。可见华商虽然多,但论单体牛奶商的资本规模仍不及外商。资本额在10万元以上之华商,仅生生牧场(Sung Sung Dairy)、蓄植牛奶公司(Shanghai Dairy Farms)、丽园农场(Liyuon Dairy Farm)和元元农场(Stand Dairy Farm Co.)4家,而外商中有5家资本额超过10万元,其中尤以可的公司为行业"执牛耳者"。②

可的牛奶公司最早是法国驻沪军团的私人牧场,只为驻沪法军提供牛奶,起初只有7头奶牛,由法国人可的(Culeg)负责,并聘请了两名日本人做挤奶工。1911年,此牛奶场因经营不善,转让给英国人记洛(Keylock),但应老可的要求,保留了法国人的名字。③牛只数量增加到40余头,工人增加到20多名时,原有场地

---

① Licensed Dairies, Annual Report of the Shanghai Municipal Council 1923, 上档, U1-1-936。
② 此处除了领有工部局执照外,还包括领取法租界公董局执照和上海市卫生局执照。《沪市牛奶业近况调查》,《申时经济情报》1935年10月23日,《上海商业储蓄银行有关牛奶、奶粉调查资料》,上档, Q275-1-2007。
③ 另有种说法是负责人老可的的独生子死于第一次世界大战的法国战场,因此才将牧场出售给记洛。参见钱雨堤:《上海奶牛饲养业的回忆》,《江西畜牧兽医杂志》1987年第1期,"封三"。

不敷使用。记洛在霞飞路一地块（今淮海中路1567号）上购买了50亩左右的土地，并公开招股，股东可享受订饮牛奶8折的优惠。①1916年，可的在香港注册，1932年时资本为20万元（银元，下同），分为2 000股，每股100元，董事多为英国人。由于记洛本人是上海著名兽医，公司又与记洛马兽医诊所（Messrs. Keylock & Pratt）合作，掌握了牛只饲养和防疫的先进知识。且该公司设备先进，卫生条件良好，1925年时获得工部局第一批A字执照，并在当年盈利22 484.5元。②1930年，可的公司引进挤奶器，目的是为了避免发生因工人罢工而导致无法生产的局面。③订购该公司牛奶者日渐增多，资金充裕，企业开始扩张。至1935年时，该公司已经发展为上海乳品业规模最大的股份有限公司，资本在40万元左右，分4万股，每股10元。职工200人，有消毒设备、自动洗瓶机、冷气储奶室，牛棚有11处，在虹桥有分所，专门容纳小牛和病牛，牧场15亩，奶牛543头，公牛22头，小牛266头，且品种多为荷斯坦等良种奶牛，每日产奶9 000余磅，订饮客户从1932年3 500户上涨为6 000户。④

由于可的生产的牛奶普遍认为质量好，工部局在20世纪20年代就和其签订合同，成为公共租界内医院的指定供应商。⑤随着公司的发展，总经理记洛抽出部分资金成立了最高牛奶公司（Scotch Dairy），作为补充和辅助。此后，又收购了丹麦商人的上海牛奶公司（又称蓝结牛奶公司，Shanghai Milk Supply Co.Ltd），无论从资金投入，奶牛数量和牛奶品质，都可算是首屈一指，树立了行业领导者的地位，并在消费者心中形成"品牌效应"。甚至20

---

① 《上海乳品二厂》，工商联内部资料。
② Company Meeting: The Culty Dairy Co., Ltd.，《北华捷报》1925年1月3日，第20页。
③ Dairies and Milk Supply, Annual Report of the Shanghai Municipal Council 1930, 上档，U1-1-943。
④ 《可的牛奶公司》，上档，Q275-1-2007。
⑤ 《工部局董事会议录》，第23册，第691页。

世纪 50 年代,即便在牛奶业营业的淡季的夏季,订户也没有减少,有些军烈属还特别要求订饮可的牛奶。①

图 3-3 可的牛奶广告

资料来源:《申报》1928 年 1 月 15 日,第 10 版。

二、华商的奋起

相对而言,华商多为小资本牧场,资本额在多在数百元到五六千元,牛只数量从两三头到数十头不等,有些牧场领有华界执照,但多数牧场并无执照。不过,随着华商积极介入牛奶市场,华商牧场的实力也在不断提高,竞争力也逐渐突出,至 20 世纪 30 年代,华商牧场中的上海市蓄植牛奶公司,在奶牛数量上已经仅次于可的公司。所产牛奶都经巴氏消毒,得到本地客户的信赖,据调查,在 1922 年时,订户有 1 000 多家,1934 年时,订户达到 3 000 余户,其中有 1/10 还是外侨。②

---

① 《上海市私营企业乳品工业调查研究报告》,上档,B163-1-135。
② 《上海蓄植公司之内容》,《申报》1922 年 3 月 16 日,第 16 版。《上海蓄植牛奶公司》1934 年 1 月 26 日,上档,Q275-1-2007。

华商在经营策略上有两种特点,一方面是仿效外商的成功经验,如元元牛奶公司在1938年为庆祝获得A字牛奶称号而发行了"元元A字牛奶行销特刊",特别邀请名人题字,并广增饮户。①自由农场经理尤志迈,创办《家庭星期》,每两周出刊,随牛奶附送饮户;同时,他还积极举办诸如儿童饮奶运动、学校饮奶运动、机关饮奶运动和大学生饮奶运动,意在减低牛奶价格的同时,力图使牛奶更为普及。②1949年,上海乳品厂与南洋烟草公司合作,凡是订饮该场牛奶者,购买南洋烟草公司香烟时可享受折扣。③这多少都是借鉴了雀巢等外资公司在华的营销策略。④

另一方面,华商在宣传时,最擅长打"民族牌"。国货运动兴起后,汇山牧场的广告直指民众对洋商的盲目信任,"外溢金钱,不知凡几",以此唤起民众"非实行提倡国货不以救危亡"的信念。⑤实力雄厚、规模较大的华商牧场在国货运动期间,俨然成为实业救国的代表。除了投放硬广告,以自由农场为代表的华商牧场,也乐于接待各界人士,通过参观牧场,甚至鼓励游客亲自挤取牛奶,以博得民众的信任,同时在演说中,指出外商牧场垄断市场的现状,以唤起民众救国的热情。⑥

此外,部分华商牧场还进入产业链下游,涉足零售环节。兄弟牧场在今淮海中路国泰电影院对面开设名为老大昌的饮乳室,出售该牧场出品的牛乳、乳酪、新鲜奶油。其中尤以奶油泡芙、奶油

---

① 《元元牛奶公司》,上档,Q275-1-2007。
② 鸳池:《自由农场牛奶公司之调查》,《商业杂志》1927年第2卷,第1—4页。《尤君志迈发起大学生饮奶会》,《南洋友声》1934年第33期,第13页。
③ 《半月见闻:上海乳品厂南洋烟公司优待同人》,《新语》1949年第21期,第13页。
④ 参见本章第二节有关讨论。
⑤ 《商场消息》,《申报》1928年7月15日,第26版。
⑥ 《青年会员参观自由农场》,《申报》1920年5月11日,第10版。

蛋糕最受欢迎,时人誉之"极可口"。①生生牧场则在新开河原面粉交易所楼下开店,售卖本厂所产各类牛奶及奶制品,因其不收小费,商品价廉物美,受到大众欢迎。②这种自产自销的方式,不仅能解决在夏季因饮户减少导致生产过剩的问题,也有力地提升了品牌知名度。

尽管在经营规模和经销方式上,华商已经可以和外商一较高下,但在管理技术上,华商仍存在不少问题。1942年工部局的统计显示,25家执照牧场中有2 007头用于产奶的母牛,其中只有16头是水牛。③在半个多世纪前,卫生稽查员对本地牧场的统计中,还有将近100头水牛。这无疑得归功于川沙等地的中国人,在将进口乳牛本地化过程中所作出的贡献。可是引进乳牛品种后,更要注重乳牛的繁殖和饲养。有些乳场实行分养制度,企图减轻平时开销。华商中的代表,自由农场,就将小牛送到农家,待到成年时,再出资购回。这种看似经济的做法,往往会有一个不良的后果——农家养育成年的牛只,身体瘦小而不健壮,乳产量不多,而且多患疾病,因大多数农民不具备养育乳牛的经验和技术。虽然浦东一带因养育杂交乳牛出名,但在1929年的一次调查中发现牛只患病的比例很高。再者,一些牛乳场每次遇到生产过剩,又找不到销路的情况下,就会降价出售,甚至出现A等牛奶的价格降到B等牛奶价格,对同业其他牛乳场的营业形成很大影响。④

---

① 《今宵何需去》,《新民报》1947年2月18日,第3版。
② 《国货介绍与调查:真的牛乳制食品商店》,《国货运动报》1934年第35期,第20页。
③ Milk Supply, Annual Report of the Shanghai Municipal Council 1942,上档,U1-1-955。
④ 钟荣洲:《上海牛乳业之概观》,《农声月刊》1936年第203期,第15页。《上海牛奶棚之调查》,《社会月刊》1929年第6期,第49—131页。

图 3-4 生生牧场广告

资料来源:《妇女国货纪念特刊》(1934 年纪念特刊),第 89 页。

三、A 字牛奶的优势

表 3-3 1925 年至 1936 年公共租界执照牛奶棚数量及牛只数量

年份	A 等执照		B 等执照	
	执照数量	牛只总数	执照数量	牛只总数
1925	3	487	34	1 191
1926	6	788	29	1 139
1927	7	927	26	956
1928	8	941	25	1 002
1929	8	1 071	21	1 155
1930	9	1 251	20	819
1931	8	877	19	1 321
1932	8	1 050	18	679

(续表)

年份	A 等执照		B 等执照	
	执照数量	牛只总数	执照数量	牛只总数
1933	9	1 192	18	801
1934	10	1 444	17	828
1935	12	1 583	15	796
1936	14	1 932	15	700

资料来源:Milk Supply, Annual Report of the Shanghai Municipal Council 1932,上档,U1-1-945。

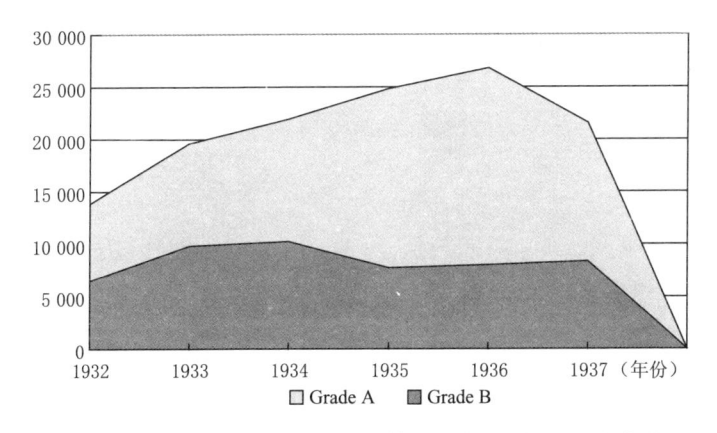

图3-5 1932年至1937年甲乙两等执照牛奶棚每日平均产量

资料来源:Licensed Dairies—Summary, Annual Report of the Shanghai Municipal Council 1932~1937,上档,U1-1-945~950。

从上述图表中可知,等级制度实行之初,还很少有牧场能达到甲等,而随着牧场纷纷改善卫生条件、改进设备,甲等执照者增多。同时,因不少实力雄厚的牧场从国外进口奶牛,使得产奶量有所提高。甲等执照者虽然没有乙等多,但奶牛数量和每日产奶量都比乙等好。到了1934年,市场上已有66%的牛奶是由甲等牛奶场出产。①

如前文所述,乳场和乳制品按质各分等级。在官方行政命令中,从最初的饲育到最终的分送,每一步都极其"严苛",所有甲等执照在牛奶处理过程中,都包括挤乳、消毒、冷却、保藏、装瓶、洗瓶这样一个完整流程,执照条件中还列明:不得用人工加热,而须使用巴氏消毒。也就是说,仅仅是煮沸,并不被认为是有效的消毒方式。②消毒是一项技术含量较高的处理手段:

> 牛奶以铁管导入机械内,经净尘手续后,倾入大桶以蒸汽提高热度至一百四十五度,使奶内一切微生物死灭,然后抽上重叠之铁管内,使奶汁之温度降至四十五度而冷却之,始装入洁净之玻瓶中,玻瓶装奶亦用活动之机器管,分量适匀,流转自如,每瓶盛奶已满,随即加封塞以厚纸之盖,封置瓶盖亦以机器仅一二人在旁司理几件。而自蒸发以至装瓶,始终不经一手挤出奶汁,饮户自可放心取用。装瓶已竟,奶尚温热,又纳入冷气间,使温度降低,然后出厂应用。空瓶收回之后,须经一番洗刷手续,每一旧瓶,须经三盆水洗过并以毛刷洗之,毛刷之转动,亦以机器,而以一人司理之。洗刷已净,又须放入蒸汽间内,加热十分钟。为最后只消毒。空瓶经此洗净手续,已完全洁净,以供次日装奶之用。③

从上文可以看出,消毒过程是一个"不经人手",完全机械化生产的流程,对温度的讲究和极高的卫生要求,也奠定了消毒牛奶的市场地位。在1932年的上海,1品脱(大约为今473毫升)消毒牛奶售价为

---

① Milk Supply, Annual Report of the Shanghai Municipal Council 1934,上档,U1-1-947。
② Milk Supply, Annual Report of the Shanghai Municipal Council 1925,上档,U1-1-938。
③ 《上海市畜牧概况:牛乳业》,上海市年鉴委员会编《上海市年鉴(1935年)·农林渔牧》,上海市通志馆出版社1935年版,第53页。

0.35—0.42 元(银元),而生奶则为 1 品脱 0.2—0.3 元(银元)。①

表 3-4 1935 年上海市场牛奶价格(银元)

规格(瓶装)	A 等	B 等
半磅	0.18	0.14
一磅	0.32	0.26
二磅	0.56	0.48

资料来源:《沪市牛奶业近况调查》,《申时经济情报》1935 年 10 月 23 日,上档,Q275-1-2007。

  自华商自由农场和蓄植公司于 1928 年获得 A 级牛奶称号之后,只有不超过 5 家公司获得此"殊荣"。A.T.T.标准执行后,1937 只有 4 家执照牧被评为 A.T.T.等级,分别是上海牛奶公司、路陞牛奶场(Lucerne Dairy Farm)、最高牛奶公司和丽园农场,前三者都是外商投资经营,后者由广东人何丽园独资经营。结核菌素检验大大提高了牛只淘汰率,正如前文所述,可的公司就因此颇不愿意实行这项标准,认为这会给公司带来经济损失,是故许多牛乳场并不愿意申请这项检查。这使得市场上 A.T.T.牛奶极为稀少,从 1937 年至 1942 年,工部局记录中的 A.T.T.牛奶场一直不超过 5 家。②

  凡是获得 A.T.T.级或 A 级的牛奶公司在广告中均特别强调这个荣誉。如最高牛奶公司在获得 A.T.T.称号后,特别登报解释"何谓特级消毒牛奶",文中称 A.T.T.称号"无疑给予本公司牛奶饮户一种强有力的保证,即市上没有任何牛奶会比本公司的牛奶更为安全者,而本公司每一瓶牛奶,便是每一位饮户的健康保障,是每一位家长对子女们的健康投资"。③又如生生牧场也极为强调其 A 字牛奶的资格,曾在广告中宣传"牛奶不消毒,吃了

---

① Milk Supply, Annual Report of the Shanghai Municipal Council 1932,上档,U1-1-945。
② Licensed Dairies—Summary, Annual Report of the Shanghai Municipal Council 1937~1942,上档,U1-1-950~955。
③ 《最高牛奶公司谨启》,《上海商业储蓄银行有关牛奶奶粉调查资料》,上档,Q275-1-2007。

塑造近代中国牛奶消费：对近代上海乳业市场发展及其管理的考察

也无益"。①此后在广告中更进一步具体解释：

> 新鲜A字消毒牛奶。须从母牛乳房挤下消毒后，不满二十四小时者……
> 牛乳消毒的热度。是一四五度至一五〇度（注：这里所采用的是华氏温标，换算为摄氏温度是63至65），须三十分时间，这是科学上来告诉我们的。若是不足一四五度，毒菌未能杀尽，若是超过一五〇度呢，牛乳内所具的滋养成分之生活素，受到毁损，滋养全失。
> 饮用注意事项。饮户不必再用火来煮沸，只要将牛乳倒入炖罐，在温水中炖热即可。且在热天最好冷饮。保证安全，而滋养特富。②

图 3-6　蓄植公司牛奶出品程序

资料来源：《上海蓄植公司参观留影》，《良友画报》1932年第65期，第54页。

---

① 《生生牛奶广告》，《申报》1930年1月23日，第3版。
② 《生生牛奶广告》，《新闻报》1935年4月9日，第2版。

从以上广告内容和图 3-6 可知,甲等牛奶棚必须配备牛奶消毒机器及储藏牛奶的冷气间。而在当时,只有资金雄厚的商人才买得起这些进口设备,小奶棚根本无力负担。这也是华商总数虽多于外商,但高等级执照数量却不及外商的直接原因。

不少牧场开始以"A 字/甲等"作为卖点,甚至出现冒充 A 等牛奶销售的案例。如 1937 年 4 月,上海市卫生局查获浦东朱家滩洽记乡村牧场印刷品启事二种,上面印有"敝场所售牛乳,素极纯良,本年份经上海市卫生局拔验已十五次,已获得甲等(即 A 字)成绩"等语。然而卫生局发现这家牧场曾被抽检过 11 次,有 7 次都不合卫生局乙等奶的细菌标准,屡次收到卫生局要求改良的指示,仅有一次化验结果是符合 A 等牛奶的细菌数标准。可见,这个牧场的广告"愚弄市民""行为荒谬""有碍卫生"。上海市卫生局取缔了这则虚伪宣传,并严令其不得再有此事发生。①

A 等牛奶以官方政令为基础,价高质优,在消费者心目中已成为好牛奶的代名词,甚至奶粉公司也企图冠以 A 等牛奶的名义,以利销售。中国标准牛奶豆乳公司(Newmilks Ltd.)是一家经营奶粉为主的英国公司,该公司将新西兰产的牛奶做成奶粉后,运往上海,再将其"还原"成牛奶,装瓶出售,并以鲜奶命名,称为"十全十美的 A 字牛奶"。工部局卫生处发现后,立即予以警告,认为其不够资格称为 A 等牛奶,必须标示"复原"字样,以示区别,否则就是误导消费倾向。②生生牧场也在广告中指出"若用泊来之奶粉,在打浆机上打成乳状,装入玻瓶中,看去虽似乎牛乳,其实质究为年月已久之奶粉所调制,其食味亦仍似奶粉,何能与真正新鲜牛乳媲美呢!既非新鲜牛乳,又非 A 字牛乳(盖领取 A 字牛乳执照,须有

---

① 《卫生局取缔牛乳虚伪宣传》,《申报》1937 年 4 月 3 日,第 15 版。
② "Newmilk",《大上海工商汇刊》1935 年 6 月,第 88 页。更详细的讨论请参见顾佳升:《上海地区巴氏杀菌奶标"鲜"历史资料实录》,http://www.21food.cn/html/news/9/104365.htm,2013 年 4 月 1 日 18:53 检索。

A字牛乳场之设备)。愿意欲饮新鲜牛乳者,务请加以注意",可见厂商极力维护自己A等牛奶的名誉,唯恐消费者以为自己的牛奶不如前者。①

小　　结

细菌学的发展使人们意识到杀灭微生物就是消灭疾病,这是传染病防治的关键,也是公共卫生工作的重点,而如何"御敌于国门之外",将致病微生物消灭在人体之外,则是西方预防传染病的中心思想。②一方面,科学知识的传播让民众意识到细菌的可怕;另一方面,建立实验室,实行细菌检验,也是国家用行政手段对抗传染病。

所以,工部局在防疫的背景下,牛奶实行定期抽检化验,一旦发现细菌超标或者不符合卫生规范,轻者降级罚款,重者吊销营业执照,甚至在1936年要求界内所有牛奶都必须经过消毒,并增加结核菌检验,这就是"预防胜于治疗"的一种体现。③

1856年爆发"泔水奶事件"导致纽约地区约8 000名婴儿死亡,美国政府由此对牛奶安全问题高度重视。④至19世纪中后期,食品安全也都成为了欧美各大城市的关注焦点。在此背景下,由西方人主导,受母国影响甚重的公共租界工部局也开始关注牛奶卫生,并采取管理措施。在20世纪20年代,上海公共租界的牛奶标准相比欧美各大城市的标准,已毫不逊色。1921年的公共租界牛奶样品掺假率为6.8%,而当时,英国的掺假率为8.6%,其中除

---

① 《生生牛奶广告》,《新闻报》1935年4月9日,第2版。
② 皮国立:《"气"与"细菌"的中国医疗史——民国中医外感热病学析论》,台湾师范大学历史学系博士学位论文,2012年,第232页。
③ 《租界当局要检查牛结核症,引起可的公司反抗》,《社会医药》1937年第4卷第4期,第568页。
④ DuPuis, E.M., Nature's Perfect Food: How Milk Became America's Drink. 2002: New York University Press. pp.18-22.

伦敦(5.1%)低于上海外,英格兰及威尔士约 40 个城镇和乡村地区的掺假率则达 9.6%。相比而言,工部局对上海的情况尚属满意。①但是,从无照牛奶棚流入租界的牛奶仍然让消费者和管理者感到不安,由于罚款也没法遏制猖獗的走私和造假,工部局在 1924 年成立了牛奶委员会,商讨应对方案,最终建立了等级制度。

纯净牛奶委员会所建议的内容,虽然不能被工部局全部采纳,不过此后工部局在修订相关规则时,亦经常参考他们所提交的报告。在 1929 年间,有些建议被付诸实现。工部局承认,有些提倡的改良法所涉及标准已超出现行水平。尽管如此,工部局还是申明改良办法只有在有效的监督下,才能真正发挥作用。"进步不能求速",只有逐步推进改良工作,才能不影响现有牛奶供给。否则,贸然采用新办法,卫生处职员负担过重,难免顾此失彼,反而影响效果。②

执照规章的出台,使得领照牛奶棚为了在租界内营业,而改善自身环境。可是此后,牛奶安全问题还是继续存在。工部局不得不考虑对界内牛奶实行全面消毒。特别是对牛奶强制使用巴氏消毒,该消毒法在进入 20 世纪 30 年代后被认为是确保牛奶降低感染结核菌几率的最佳手段。不过这一看似先进的做法即使在英国也迟至 1949 年才以法令形式确定下来。③公共租界 1934 年到 1936 年的消毒建议,不可避免地引发了多方讨论,工部局最终虽推行了强制消毒,却出于成本等多方面考虑,取消了建立市政消毒厂的计划。

---

① Laboratory(Chemical), Annual Report of the Shanghai Municipal Council 1922—1923,上档,U1-1-935~936。
② 《牛乳委员会报告》,《上海公共租界工部局公报》第 5 卷第 50 期,1934 年 10 月,第 13—15 页。
③ 魏秀春:《英国食品安全立法研究述评》,《井冈山大学学报(社会科学版)》2011 年第 32 卷第 2 期,第 126—127 页。

从脂肪含量到细菌数目,好牛奶的标准不再只是质地纯厚,还必须干净、卫生、无菌。工部局制定的等级制度和细菌标准都参考了美英两国的有关规章,如1912年至1915年,英国和美国按照牛奶中的细菌数,对牛奶划分等级。①工部局起初只是按照卫生条件划分等级,之后又按照细菌数量和消毒水平,重新定义了牛奶的等级。等级的不同直接造成价格差异。牛奶消毒与否,价格差异显著。其中,A.T.T.产品成为市场上"最好的牛奶"。

---

① Milk Supply:Pasteur of Grade "B" Milk,《上海公共租界工部局卫生处关于牛奶委员会的组织章程》,上档,U1-16-1769。

第四章　与鲜奶竞争：近代上海代乳品的发展

在前两章中，笔者主要讨论的是鲜奶，除了鲜奶之外，当时的上海市场还有炼奶（Condenced milk）、奶粉（Milk Powder）、黄油（Butter，也称为牛油、白脱）、芝士（Cheese）等乳制品。和鲜奶相比，后者多为进口。①早期市场上鲜奶产量有限，且卫生状况堪忧，又不利于保存，所以，不少外侨开始寻觅鲜奶的替代品，奶粉和炼奶则成为最佳的选择，并大有和鲜奶争锋的势头。

第一节　完美的话语

一、传统补品

炼奶与奶粉进入中国市场后，一直被当做补品，而不是单纯的饮料。故在19世纪末，奶粉和炼奶多在药房销售。实际上，不少进口奶粉产品有着药企背景，如葛兰素奶粉所属的葛兰素药业就是北美知名药企，这也解释了为何奶粉和炼乳曾一度被纳入西药行业管理范畴。②

从传统中医角度而言，宣传产品的滋补效果，必须结合辨证论治的特点，还要讲究四季时节的变化和体质的不同。中国的

---

① "各大商埠华人虽有设牛乳厂者，而内地则无"。《远东之西人生活情形》，《申报》1919年4月11日，第6版。
② 《1912—1936进口西药分类主要品种表》，上海市医药公司、上海市工商行政管理局等编著《上海近代西药行业史》，上海社会科学院出版社1988年版，第390页。

食物疗养传统有着悠久且复杂的历史,以唐代名医孙思邈的《备急千金要方》影响最为深远,确立了"食疗不愈,然后命药"的指导原则,以及食疗的系统理论。①古代医书上一般认为牛乳"补虚羸"。②如吴信法等民国农学家,也认为"饮用牛乳,最为滋补"。③

既然强调补身的功能,广告也就多作为冬令补品来宣传,话语便离不开"益气补血""强筋健骨"之类的词语,如雀巢牌补身牛奶粉广告词云:"年老胃弱者不可不用雀巢牌牛奶粉,盖血乃生命之源,故所食养生之品必为血所吸收者,唯有雀巢牌牛奶粉,为即易消化又易血所消化者也"。④可见,其所宣传离不开传统中医的气血观念。

将牛奶作为补品来看就有了"性热""宜冬不宜夏"的概念,于是上海市场牛奶消费量也呈现了冬多夏少的态势,"闻牛奶棚之营业系有季节性者,每年中以9月、10月、11月、12月4个月为最佳,夏季最为清淡,余则平平"。⑤不少畜牧专家和营养学家对此提出纠正,认为四季皆可饮用牛奶。其实中医对牛乳的描述基本是"味甘微寒",认为其主治"消渴""热哕"和"劳损",这三者都被看成是"热症",足见牛奶的中医属性非温。⑥

---

① 有关中国食物疗养传统的讨论可参见陈元朋:《中国食物疗养传统的形成与变迁》,"从医疗看中国史"学术研讨会,台北,2005年12月。
② 王利华:《中古时期的乳品生产与消费》,《中国农史》2000年第4期,第82—87页。张和平:《中国古代的乳制品》,《中国乳品工业》2002年第5期,第161—167页。
③ 吴信法:《牛乳及其制品·自序》,正中书局1937年版。金嗣说在其编纂的《牛乳及其制品之研究》中也称"晚近之言卫生者,莫不以牛乳为无上之滋养品"。
④ 《雀巢牌补身牛奶粉》,《申报》1920年1月1日,第16版。
⑤ 《沪市牛奶业近况调查》,《申时经济情报》1935年10月23日,《上海商业储蓄银行有关牛奶、奶粉调查资料》,上档,Q275-1-2007。
⑥ 孙思邈:《备急千金要方》卷26:《食治》。《牛乳性凉》,《如皋医学报五周汇选》1930年12月,第262—263页。

作为补品的乳制品可以是多种食物的混合,并不仅仅由牛奶构成,类似今天的含乳饮品,如麦乳精就是由麦芽和牛奶组成。①更为奢华的配方还加入燕窝,或三种以上滋补品混合而成,如广英公司出品的"三乳燕珍粉"以牛乳、人乳和马乳混合,再配以海狗肾和燕窝。②此外,牛奶搭配其他食物、药物不仅做成粉状,也做成膏状,如此更符合中医"膏方滋补"的特点。1898年香港华安公司创制的"燕东参贝牛奶膏"不仅以"膏"来命名,而且在广告中强调"君臣佐使"的中医用药原则,声称"百病皆治"。③

这些产品可以被视为早期的功能性食品,也是中国传统药膳的延续。不过,随着营养学的兴起,牛奶及其制品开始由传统补品变身现代营养学体系下的营养品。

二、卫生和营养

民国的畜牧学专著在提及牛乳的营养价值时,虽然也延用了传统养生知识来说明服用牛乳的必要性,但却更突出了"科学""卫生""营养"等现代概念。金嗣说在其编著《牛乳及其制品之研究》的序言中写道,"诚以牛乳富于养分,易于消化,老幼莫不适宜";④顾学裘也认为牛乳"其营养料之丰富,实不亚于其他食料也";⑤谢家驹在《乳品学》中更是将牛乳比作"世界上最完美之食物,营养丰富,且易消化,故欲改进我国人民之营养,当先使牛乳成为普遍化之大众食物"。⑥

专家的著述并不涉及具体的产品,论述重点在于劝服民众养成饮用牛奶的习惯。而乳品厂商则借助科学、营养、卫生等概念宣

---

① 《好立克麦精牛乳粉》,《申报》1910年6月23日,第29版。
② 《广英公司三乳燕珍粉》,《申报》1902年11月25日,第4版。
③ 《香港华安公司创制真正燕窝参贝牛奶膏》,《申报》1898年11月15日,第5版。
④ 金嗣说:《牛乳及其制品之研究·序言》,商务印书馆1936年版。
⑤ 顾学裘:《牛乳研究·绪言》,中华书局1940年版。
⑥ 谢家驹:《乳品学·前言》,浙江文化印刷公司1948年版。

传自己的产品,并强调其独特性。例如对于牛乳中营养成分的介绍,最初只涉及乳糖、脂肪、灰质及蛋白质。①进入20世纪后,科学界发现了维生素(Vitamin),并将其视为一种重要的营养成分,此后对牛奶的介绍就开始结合维生素概念,并称为"生活素"或"生活质"。②广告中除了谈论蛋白质、糖分、脂肪等成分,也开始重点推介"生活素"。③1920年宝华干牛奶的广告就以"生活素"(即维他命)为卖点,并于广告中专门解释"生活素之原理",力推"生活素为康健强身辅助人体发育之要素,无论老幼常服必获佳果"。④

乳品广告中,科学不仅仅体现为产品本身的营养要素,还表现为对"清洁"和"卫生"的追求。⑤随着"清洁"和"卫生"等概念在民众中的普及,到了1920年前后,广告话语中普遍结合"清洁""纯净",并开始突出"消毒""杀菌"的地位。诸如"最新科学方法机制而成""质地纯净",这些广告强调只有高超的技术,才不会损坏奶粉中的营养物质,并最大程度保存了维他命;⑥又如"金牛牌淡奶自牧场牛身挤出以至灌装,从未用人手接触,又经汽蒸法,制作过程灭菌杀尽,故此奶绝对干洁而无危险",如同之前A等牛奶的

---

① 《实业:牛乳中蛋白质名曰加西以尼》,《并州官报》1908年第18期,第5—6页。
② 《常识:维他命Vitarnines(生活素)》,《木峰周刊》1923年第168期,第2页。
③ 《牛乳中之生活质》,《申报》1921年6月1日,第16版。《牛乳与维他命》,《申报》1924年5月14日,第20版。
④ 《宝华干牛奶》,《妇女旬刊》1920年第231期,第517页。《妹妹说我爱干牛奶》,《中国摄影学会画报》1925年9月19日,第1版。《小儿均用宝华干牛奶》,《中国摄影学会画报》1926年1月23日,第1版。
⑤ 《新到宝华干牛奶》,《申报》1924年10月7日,第13版。《宝华干牛奶到沪》,《申报》1924年12月21日,第24版。《宝华干牛奶新货已到》,《申报》1925年8月1日,第16版。《宝华干牛奶之畅销》,《申报》1925年11月25日,第11版。
⑥ 《宝华干牛奶到沪》,《申报》1924年12月21日,第24版。《宝华公司杨经理倪尔生回国》,《申报》1926年5月25日,第15版。

宣传那样,只有机械化生产,不经人手,又经过杀菌处理的产品,才可以保障饮用安全。①

图 4-1 宝华干牛奶广告

资料来源:《良友画报》1926 年 2 月 15 日,第 7 版。

如图 4-1 所示,宝华干牛奶自刊登广告以来,就以富含维他命为主要卖点。在上图中,它通过和其他商品比较,得出自己产品的几点优势有:最大程度保存生活素、减轻油质利于消化、美国生产、卫生无菌、质优价廉。相比之下,其他产品存在减轻蛋白质,太多油质导致不易消化等弊端。这些因素无疑提升了宝华的竞争力。

三、新生活方式

在古代,牛奶就有药用功效。1920 年,"牛乳治病"之说由林家瑞在《广济医报》上撰文介绍,他根据国外 1916 年的实验结果,

---

① 《金牛牌淡奶广告》,(香港)《民强》1933 年第 21 期,第 81 页。

称瘟热病(Typhus fever)、痢疾、骨节炎、尿道炎等,均可以皮下注射牛奶的方式治愈。①之后不久,广济医院在其所办《广济医报》上刊登了其用该方式治病的病案。②近代医生在介绍某些疾病的治疗时,也会提及相关将服用乳制品作为辅助有段。如牛奶的"润

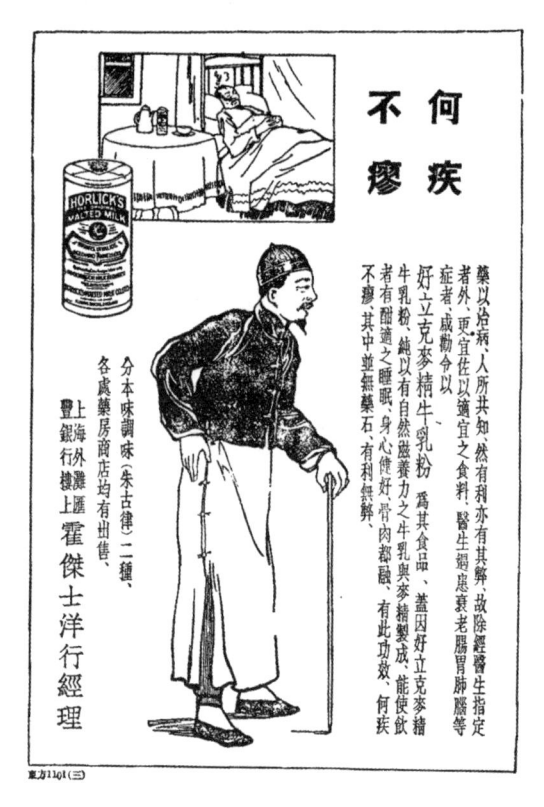

图 4-2　好立克麦精牛奶粉广告

资料来源:《小说月报》1931年第10期,第1282页。

---

① 林家瑞:《近世牛乳疗病法》,《广济医报》1920年第5卷第2期,第8—9页。
② 颂孚:《牛乳注射皮下之实验报告》,《广济医报》1920年第5卷第4期,第73页。陆隐望:《白浊疗痹注射牛乳经验之报告》,《广济医报》1920年第5卷第5期,第52页。

心肺"功能被认为可以用来治疗肺痨等肺部疾病,遂有"患肺病者,用薏仁米磨粉,和好立克牛乳粉冲服。久之,肺病自愈。"① 好立克还在《申报》广告中宣传其可治疗伤风咳嗽、月经痛、肠胃病、失眠症等疾病,简直无所不能。②

到了20世纪30年代以后,健康话语兴起,逐渐被大众所熟知,广告宣传也相应演变,开始以健康美为诉求,引导消费者购买。

> 甜姐儿而好甜品,可谓甜之又甜矣,肌肉丰富的女子有天姿,而好饮雀巢牌麦精牛奶粉者,有甜的资格。盖此粉所含滋养原素异常充足,体内各系得其营养发育,促进精神畅旺,康健之美,常可立见。③

> 本公司出品A字牛奶新鲜纯厚,滋养富足,最合现代女郎饮用,能使发育健全,骨肉均匀,脸容光润,既"健"且"美"一洗东方女子之病态也。④

以上广告内容倡导一种女性"健康美"的标准,可见乳制品不仅仅定位于婴幼儿产品,而是社会各阶层的消费品。如中国广告公会给某厂商罐头牛奶的建议是,在包装上不能只有一个婴儿,而要再增添"一年老之男人、一年老之妇人、一年轻之妇人及一幼孩",以表明此为"人人所必需"。⑤

牛奶这种介于保健品和药品之间的功能,在突出强身的功效外,还代表了新的生活方式,让消费者注意到生活与身体的关系。

---

① 《肺病疗养法》,《申报》1928年11月25日,第21版。
② 《好立克麦精牛乳粉》,《申报》1930年5月7日,第12版。
③ 《雀巢牌麦精牛奶粉》,(香港)《民强》1933年第21期,第88页。
④ 《上海牛奶公司广告》,《申报》1936年1月20日,第3版。
⑤ 《中国广告公会今日开会》,《申报》1920年12月8日,第11版。

"兰闺读罢排香茗,阿侬爱饮金牛牌",为人描绘出一幅女子悠闲的生活场景。①好立克还在《申报》上专门刊登了一组四格漫画广告,直观生动地展现产品补充元气,增强精力的功效。其目标消费者也不局限于母亲,如针对女性消费者的广告,强调产品有助"气色红润";针对男性消费者的广告,则突出产品补充精力,助益工作。这组广告突出"衰倦无神"令生活和工作生出不少麻烦,经过饮用好立克,麻烦立刻迎刃而解:曾经被工作掏空者,饮用后精力充沛,顺利加薪;昔日无力气远游者,饮用后远足野餐,尽享其乐;儿童饮用后不仅体型上超过同龄人,学业也进步良多,甚至本来因时常无神疲倦,而深感不配做"国家未来柱石"的,在饮用好立克后,"感到精神大振,配做国家柱石了"。②

第二节 冲击母乳

一、母乳最佳

传统社会将哺育婴儿的任务放在母亲或乳母身上。同时,传统中医也同意在母乳不足或者无法雇用乳母的情况下,选择代乳品,即动物乳汁或者谷物制品。③

清末以来,"儿童"在国家中的地位日益得到重视,丁福保等医师在报刊宣传关注婴幼儿健康问题,谈及喂养方式时,已开始将传统中医和西方医学相结合。④五四以后,随着科学的普及,对母乳开始基于营养学数据进行研究,如对母乳与牛奶的脂肪、蛋白

---

① 《金牛牌淡奶》,(香港)《民强》1933 年第 18 期,第 41 页。
② 《好立克麦乳精粉》,(香港)《申报》1938 年 6 月 5 日第 3 版、6 月 18 日第 3 版、6 月 27 日第 4 版、7 月 3 日第 4 版。
③ 熊秉真:《传统中国的乳哺之道》,(台湾)《中央研究院近代史研究所研究集刊》1992 年第 21 期,第 125—146 页。
④ 丁福保:《乳儿卫生》,《申报》1909 年 1 月 10 日,第 12 版。丁福保:《乳儿卫生(续)》,《申报》1909 年 1 月 11 日,第 12 版。丁福保:《乳儿之卫生》,《申报》1909 年 1 月 12 日,第 12 版。

质、糖分等作比较分析。①

近代医学或农学专家一般都承认母乳喂养的优先性,不少介绍育儿知识的文章中,母乳是第一选择,其次是乳母的乳汁,再为牛羊乳等动物乳汁。②即使对鲜牛奶,不少人也持否定态度,"其味过淡,其汁过浓,不适婴儿口味",到了夏天,特别容易滋生细菌,对幼儿健康来说,颇为危险。③不少婴儿对牛奶不消化,往往会导致发热、呕吐、食欲不振、发疹、体重减少等症状。④

有人主张以代乳粉来喂养婴儿,认为其比牛奶安全,⑤也有人认为代乳品逊于鲜奶,在无法人工乳喂养的情况下,应该选择用鲜牛奶,但须按不同比例稀释。⑥有专家认为即使像全牛奶粉的勒吐精(Latogen)和克宁(KLIM)也并不适合幼儿食用,况且"服牛乳之小儿其抵抗病之力,远不及服人乳者"。⑦还有人指出,市场上的炼乳品质不良,含糖太多,造成婴幼儿消化障碍,"每年夏秋,乳儿因此患肠胃病而殒命者,实不知几"。⑧根据1925年日本领事馆对留沪日侨所做统计来看,"以牛乳哺育之儿童死亡数约占十分之四"。⑨

---

① 《人奶与牛奶之比较观》,《申报》1920年12月11日。
② 杜觉顽:《夏日儿童看护须知》,《申报》1922年7月23日,第18版。《瞿绍衡医师答某读者》,《机联会刊》1935年第121期,第37页。
③ 《乳与婴儿》,《申报》1923年8月21日,第15版。
④ 《儿科学:婴儿对于牛乳之特异症说》,《医学新报》1911年第1期,第38—39页。
⑤ 鹿鸣女士:《新鲜牛乳不适用于婴儿之理由》,《申报》1923年11月17日,第19版。
⑥ 程涵章:《医事卫生顾问》,《妇女杂志》第17卷第8号,1920年,第123页。程涵章:《牛乳育儿法》,《妇女杂志》第17卷第9号,第95—97页。
⑦ 郑集:《中国之生物化学研究》(1944年),选自《郑集科学文选1928—1992》,南京大学出版社1993年版,第53页。《家庭日新会讲演会纪》,《申报》1922年6月26日,第15版。当时有关专家也认为母乳最好,参见周春燕《胸哺与瓶哺——近代中国哺乳观念的变迁》,(台湾)《近代中国妇女史研究》2010年第18期,第12—20页。
⑧ 江圣钧:《育儿法再续》,《申报》1917年12月25日,第11版。张天德:《妇女妊娠期中之卫生》,《申报》1923年7月13日,第19版。
⑨ 《日侨户口之调查》,《申报》1925年10月7日,第14版。

尽管并不提倡使用代乳品,但专家、医师也并非完全否认其价值,一般主张不满五个月的婴儿,最好不要喂养代乳品,否则会引起消化器官疾病或营养失调。①这也就给代乳品的发展制造了契机。

二、代乳品的崛起

虽然母乳有种种的优点,但是,迅猛发展的奶粉和炼奶也急需打开中国市场。奶粉起初被用于产妇产后虚弱,没有乳汁或短缺时,作为母乳的一种"替代品",故也称为"代乳品"。正因为古代医者同意在母乳不足或乳母不健康的前提下,选择代乳品,这也就成为代乳品安身立命,合理性所在,更多以"功同人乳""与人乳无异"等词语作为广告词。②有些奶粉商还强调自己的产品不仅适用于婴儿,还适合孕妇及乳母服用。③

通常情况下,代乳品在宣传时,多侧重论述不健康的母体对婴儿造成的威胁。对奶妈的指责,也是基于同样的话语。人乳虽然比牛奶更适合婴幼儿,但如果不注意选择奶妈,则比牛奶为害更大。俗语说"吃奶三分像",国人相信奶妈的奶水和孩子身体乃至性格,都有很大的关系。④炼奶和奶粉比雇用奶妈更"经济",1920年,一罐奶粉大约为银元1元多,而雇用一名奶妈则大约为一个月5元。⑤有些雇用保姆的人家,要求"有冲奶粉经验"。⑥

> 亲母无乳代以乳母,若能得清洁忠诚的乳母即不啻亲母矣,但天下事不能尽如人意:

---

① 程涵章:《医事卫生顾问》,《妇女杂志》1920年第17卷第8号,第119页。
② 《育婴代乳粉》,《申报》1895年5月21日,第5版。
③ 《奥斯得奶粉》,《济生医院月刊》1934年第64期,第1—2页。
④ 《雇用乳娘者注意》,《申报》1922年7月22日,第20版。
⑤ 陈邦贤:《轮船中的见闻》,《申报》1920年6月25日,第18版。
⑥ 《征求人才》,《新民报》1948年3月30日,第3版。

第四章　与鲜奶竞争：近代上海代乳品的发展

即如

一　赵家的奶婶婶利害，没有法子对付她家主母，为了自己孩子，只可日日吞声忍气。

二　钱家的奶妈回乡去了一趟，她家小孩出天花她带了几个病菌回来，后来钱家的小孩亦得了天花了。

三　孙家是有钱人家，他家婢仆成群，奶妈同男仆们不规矩，后来得了不名誉的病症，幸亏发现得早，真危险极了。

惠民奶粉抵得一个可靠的奶妈，你若早用一切麻烦都可免除了，费用亦可稍省。①

惠民奶粉的广告通过模拟情景对话，先指出清洁忠诚的乳母不可多得，再以某家乳母得病传染给小孩等例子，说明乳母的不可靠，而奶粉才是可以取代奶妈，给婴幼儿最好营养的方式。除此之外，广告还声称哺乳者也可以使用奶粉来补充营养。②

传统婴幼儿的喂养除了动物乳汁外，会采用奶糕作为过渡食品。而代乳粉上市后，其广告中指出传统奶糕缺乏维生素等必要的营养成分，仅能充饥而已。唯有代乳粉才能给婴儿足够的营养，足以取前者而代之。③

1920年，中国广告公会在召开会员大会时曾指出，随着进口乳制品量的增加，牛奶推销方式在同业竞争中变得越来越重要，最适宜的方式，无疑是以家庭为导向。因为乳制品是"家庭之用品"。用传单、招贴、游行和树立招牌等方式，"费而不切实"，广告的刊登应首先"易存家庭中之各种杂志"。④奶粉广告中，出现最多的仍然是儿童和母亲的形象，且常常有配上大量文字介绍，以专家

---

① 《惠民奶粉广告》，《申报》1928年6月30日，第20版。
② 《雀巢牌牛奶粉》，《申报》1919年9月20日，第15版。
③ 《商场消息》，《申报》1930年7月23日，第23版。
④ 《中国广告公会开会记》，《申报》1920年12月9日，第10版。

的口吻,劝诫父母重视儿童的养育,如勒吐精广告说:"有子万事足:子嗣为吾国重要之问题,故伯道无儿于今尤悼谚曰,有子万事足。于此可见国人对于子嗣如何重视矣。然有子岂便万事足耶?假若培养失宜而面目枯槁瘦骨珊珊,则为人父母不免忧虑。勒吐精代乳粉为育儿最妙真品,有裨于婴儿发育,婴儿藉以哺育成人者何止千万。此粉性质无异母乳,滋养丰富,所以能建此奇功也。家有宁馨英物者盍试之。"①

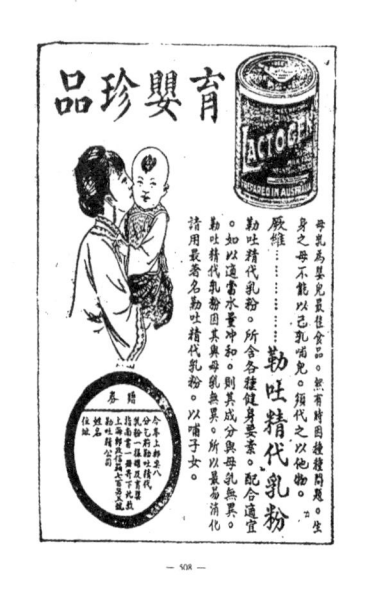

图 4-3　勒吐精广告

资料来源:《妇女旬刊》第 225 号,1926 年 11 月 30 日,第 442 页。

中国广告公会曾专门讨论过推销牛奶的方法:第一周内,可以赠送一些小册子给客户,最好再赠送一些样品。②不少厂商还设计

---

① 《勒吐精广告》,《民强》1932 年第 15 期,第 19 页。
② 《中国广告公会开会记》,《申报》1920 年 12 月 9 日,第 10 版。

了各种版本《育婴指南》,旨在通过普及育婴知识以达到宣传产品的目的,宝华公司推广宝华干牛奶时,就曾随奶粉附送"牛奶与母子之关系"的小册子。①勒吐精广告中,也以消费者的口吻说道,"于贵公司出版之育婴指南而领导之下,遂使小儿日趋康健之"。②

在西方文化的冲击下,不少妇女选择代乳品喂养婴儿。作为代乳品,针对的消费者自然是母亲。进口产品都突出西方人,尤其是西方婴幼儿食用代乳品后"莫不壮健灵便,肥胖无疾"。③有的厂商则直接为产品取名为"肥儿牛奶膏"。④广告上无不刊登白胖婴儿以为佐证。

三、代乳品市场的发展

1856年美国人波顿(Gail Borden)发明了炼奶。至于奶粉,虽然一般认为有文字记录的奶粉技术始于元朝,但是奶粉制作技术的成熟应该归功于1877年美国人帕西发明喷雾法。此后,这两种乳制品因保存期限比鲜奶长,便于长途运输等优点而生产者众多,并于19世纪末开始输入中国,上海的老德记药房、屈臣氏等药房都出售过"小儿代乳粉"。

炼乳和奶粉等外国消费品由通商口岸进入中国市场,这两者中,炼乳则相对较早,最早开始使用炼乳的无疑是外侨。迟至1872年就有洋行销售"牛乳油"⑤,《申报》在1877年曾报道,山东一天主教士使用"马口铁罐之牛乳"来喂养收养的难婴,并称其"与人乳无异"。⑥此时还没有"炼乳"的名称,对炼乳仍将其与牛奶等同,被称为"罐头牛乳"。根据海关记录,1862年厦门海关记

---

① 《各团体消息》,《申报》1926年12月20日,第21版。
② 《企公牛奶公司执事先生伟鉴》,《民强》1933年第21期,第85页。
③ 《慈幼须知》,《申报》1892年5月22日,第2版。
④ 《肥儿牛奶膏》,《申报》1893年9月28日,第8版。
⑤ 《牛乳油出售》,《上海新报》1872年3月28日,第1版。此处的牛乳油其实就是鹰牌炼乳。
⑥ 《乳哺婴孩》,《申报》1877年5月30日,第2版。

录中的"milk preserved"就是"罐头牛乳",但这项记录并不是进口记录,而是出口记录。当时由厦门出口的罐头牛乳一般销往爪哇、暹罗、英属东南亚殖民地。①1863年,在汕头的进口记录中发现有"凝乳"②。1870年至1880年,乳制品进口记录虽有偶见,但数量较少,以"罐头牛乳"为名。1891年据广东海关报告称,进口的炼乳大约为1.2万打。③但1909年的《万国商业月报》称:"中国每年输牛奶二十六万打三万五千打,销售于广东境内,共计值银五万三千磅,且有逐年增加之势云。"其中的"牛奶"很可能是炼奶和奶粉。④到了1914年,输入中国的炼奶达到5.22万打。⑤1915年,受"一战"影响,炼乳进口一度有所减少,但战争结束后,进口逐渐攀升。

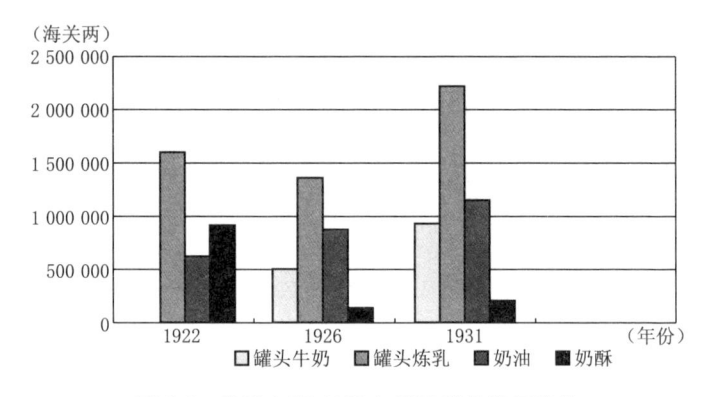

图4-4 1922年至1931年乳及乳品进口价值

资料来源:《重编日用百科全书》中册,商务印书馆1934年版,第3119页。

---

① 茅家琦主编:《中国旧海关史料(1859—1948)》第1册(1859—1864),京华出版社2001年版,第227页。
② 《中国旧海关史料》第1册,京华出版社2001年版,第334页。
③ 姚贤镐编:《中国近代对外贸易史资料(1840—1895)》第2册,中华书局1962年版,第1097页。
④ 《商务纪闻:牛奶每年输入中国之总数》,《万国商业月报》1909年第16期,第10页。
⑤ 《驻美公使顾维钧在华盛顿美国商会演说词(续)(译英文京报)》,《申报》1916年3月23日,第11版。

奶粉和炼乳之所以受欢迎,价格因素至关重要。一瓶 16 盎司(约 453 克)的牛奶 1922 年市价 0.25 银元,①根据 1924 年五洲大药房价目表:美龄奶粉一元五角、好立克麦精粉大(五磅)六元二角五分、中(一磅)一元四角五分,小八角、华福麦奶粉大一元六角、雀牌奶粉小九角五分八角五分。②炼乳分为含奶油和不含奶油,含奶油者,市价在四角五分左右,不含奶油者,市价在三角左右。③牛奶即使不开封,也容易在 48 小时内变质,而相同条件下,奶粉和炼乳保存期限更长。

在奶制品进口中,美国对华输入最多。1918 年香港 92%的进口炼奶来自美国。④随着美国对华贸易的增长,进口乳制品从 1918 年 186 万余磅增至 1919 年的 479 万余磅,成为美国对华主要出口产品。⑤除美国外,日本自 1935 年后,在罐头炼乳方面也加大了对华输出。⑥上海沦陷时期,奶粉和炼奶得到新的发展机会,商人们开设了几家乳制品工厂,生产罐头牛奶以满足没有鲜奶喝的居民。⑦不过奶粉大量输入的时期,应为 1945 年后。据海关统计,1946 年 9 个月内,奶粉进口位列自美输入货物的第 12 位,达法币 748 亿元。⑧

第三节 华洋之间的竞争

一、雀巢在华的经营

雀巢公司在 19 世纪初与英瑞炼乳公司合并后,很快就以炼乳

---

① 《上海六十年来物价表》,《银行周报》1930 年第 5 期,第 21 页。
② 《五洲药房大廉价》,《申报》1924 年 11 月 8 日,第 7 版。
③ 《用甜炼乳的常识》,《申报》1928 年 4 月 11 日,第 22 版。
④ 《世界商务及经济近况》,《申报》1919 年 11 月 5 日,第 6 版。
⑤ 此数字为 1918 年 1 月至 10 月及 1919 年 1 月至 10 月美国对华输入比较表,参见《美国对华贸易之膨胀》,《申报》1920 年 3 月 7 日,第 22 版。《美国二年来之对外贸易》,《申报》1920 年 5 月 21 日,第 7 版。有关战后奶粉问题,请参见本书第四章第三节。
⑥ 《罐头:年产一亿一千万圆居世界第二》,《贸易》1936 年第 92 期。
⑦ Milk Supply, Annual Report of the Shanghai Municipal Counci 1942, 上档, U1-1-955。
⑧ 龙成志:《中美商约与中美贸易》,《文汇报》1946 年 11 月 25 日,第 5 版。

打开中国市场。1908年，雀巢公司在上海开设销售办事处，这可能是最早进入中国的外资乳业品牌。①雀巢在中国的经销以各大洋行为主，如在天津地区，由英商德隆洋行代理。②同时，雀巢也在各地设立分公司，新加坡、香港及华南各埠以"企公牛奶公司"为名，在上海及大陆内地以"英瑞牛奶公司"为名。③

英瑞的产品不仅包括奶粉，还涉及淡奶、糖果、巧克力、可可粉和麦精牛奶粉等。④这些产品有不同的受众。如雀巢牌麦精牛奶粉，定位为一种成人饮用的饮品，重点宣传能恢复运动后的肢体疲倦和困乏，"能壮精神而壮体魄"。⑤金牛牌淡牛奶的广告，不仅宣传作为饮品的功能，还突出其作为茶、咖啡、可可等饮料的添加物，在各种场合都能适用，"晨起临睡""宴客茶会"，乃至于作为小姐们读书闲余的饮品。⑥不过，最为畅销的产品仍是以勒吐精为主的奶粉和以鹰牌为主的炼乳。

雀巢初登上海滩时，正值20世纪初禁烟运动风起云涌，民众禁绝鸦片烟的呼声越来越高。因此20世纪最初十年，雀巢迎合了这股风潮，在广告语中突出在戒毒后服用，可以"身体强壮"。⑦

硬广告之外，雀巢还采用多种多样的营销方法。为了吸引潜

---

① Nestlé's management of dairy supply chain in China, http://www.nestle.com/media/pressreleases/allpressreleases/nestlemanagementofdairysupplychaininchina，2012年12月30日13:34检索。

② 李炳志：《我在七个洋行中的见闻》，天津市政协文史资料研究委员会编《天津的洋行与买办》，天津人民出版社1986年版，第365页。

③ 黄光域编：《近代中国专名翻译词典》，四川人民出版社2001年版。

④ 有雀巢牌牛奶麦精粉、雀巢牌朱古力、永备牌谷古粉（即可可粉）、金牛牌淡奶、鹰唛炼乳（即飞鹰牌炼乳）、雀巢牌奶油等。

⑤ 《雀巢牌麦精牛奶粉》，(香港)《民强》1932年第12期、第18期、第19期。

⑥ 《金牛牌淡奶》，(香港)《民强》1933年8月第18期、1933年10月底19期、1934年1月第20期。

⑦ 《企公牛乳天下驰名》，《申报》1906年12月20日，第5版。《鹊窝牛乳 寰球第一》，《申报》1907年6月17日，第24版。

在客户，同时，也出于对自身产品的信心，英瑞公司在报刊上刊登的广告中都附有赠券，凭券可至公司免费领取奶粉样品。①作为实力雄厚的跨国资本，英瑞公司甚至租用了一架飞机，自1926年11月12日开始的一周内，凡天气晴朗，就散发鹰牌炼乳传单，拾到者都可凭传单到该公司换取鹰牌炼乳罐头一听。②诸如此类吸引眼球的促销方式，还包括委托上海中西药房及中法药房布置橱窗广告，以最直观的视角效果来达到宣传目的。③这一形式新颖的广告牌，社会反响热烈，以后各大药房都将橱窗广告放在重要位置。20世纪30年代，无线电的兴起和流行为大众娱乐提供了新的方式，英瑞公司利用这一新兴媒体，向大众推广产品。1932年5月20日开始，英瑞公司"特假国华电器行无线电台"，"每晚六时半至七时半，播送光裕社著名说书家周玉泉弹唱玉蜻蜓"。④之后，随着电影的流行，英瑞在其所产的巧克力糖中，附送一张世界著名电影明星的照片，并备有24页的相册，如能收集一套，就另外赠送大张明星照片彩色版。⑤此外，还有各色赠品也大大吸引了消费者的购买欲望。⑥

利用奖品可以刺激消费者购买不熟悉的产品。1914年，企公牛奶公司在老北门附近的露香园设摊，只要买产品满一元，就可送奖券，并当场开奖，奖品有："金刚钻戒、金针、金钮子、银茶壶、银杯、大小金银饰物数百种""每券至少值洋数角"。摸彩方

---

① 《勒吐精代乳粉》，《妇女旬刊》1920年第231期，第508页。
② 《荷兰飞机散发赠品传单》，《申报》1926年11月12日，第10版。
③ 张俊杰主编：《上海商业（1949—1989）》，上海科学技术文献出版社1992年版，第605页。
④ 《炼乳公司播送无线电节目》，《申报》1932年5月19日，第10版。
⑤ 《英瑞赠送明星照相汇集册》，《申报》1935年12月4日，第12版。
⑥ 如1936年赠送磁盘（《英瑞公司赠送精美磁盒》，《申报》1936年9月15日，第14版）。

式招徕了很多人前去凑热闹,宣传目的可能大于实际销售目的。①

为了使中国消费者熟知品牌,除了在报纸上刊登广告外,英瑞公司还踊跃参加各种本地活动,举办了英瑞杯赛枪会、资助基督教欢迎会、圣约翰大学同门恳亲会等来扩大影响力,参与各种慈善活动以加强公司良好的形象。②甚至主动组织举办各种活动。1920年,上海英瑞公司从妓女评选中看出商机,全额赞助《电光日报》在永安公司天韵楼举办"企妹香国选举大会",每天在《电光日报》上刊登候选者照片和选举消息。最后高票当选者为汕头路某妓女,被报纸和市民戏称为"牛奶总统"。当时恰逢南北议员齐聚上海,活动轰动一时,为公司推广牛奶糖果取得了很好的广告效应。③英瑞还以勒吐精奶粉为名在全国举办大规模婴儿比赛,如汉口保婴运动会上,勒吐精就打出大幅海报宣传"代替母乳,育婴珍品"。(见图4-5)香港的企公牛奶公司广告部为了配合勒吐精的营销,策划出版了《民强》,免费赠送给消费者,内容主要刊登小品文、小说、漫画及婴幼儿健康知识,并在每一期都刊登婴儿大赛参与者的照片,不少照片中的婴幼儿都抱着勒吐精奶粉罐头,这无疑成为了很好的宣传。④

---

① 《牛奶公司之招徕》,《申报》1914年10月19日。
② 《赛枪会英瑞盃》,《申报》1922年9月11日,第15版。《基督教欢迎会及全国大会纪》,《申报》1922年5月7日,第14版。《圣约翰大学同门恳亲会纪》,《申报》1922年5月14日,第13版。《英瑞公司嘉惠难婴 赠甜乳万余听》,《申报》1939年4月5日,第11版。
③ 《一春辛苦为花忙》,《申报》1920年4月10日,第14版。郁慕侠:《上海鳞爪》,上海书店出版社1998年版,第142页。据说这次选美活动的提议者是后来成为纽崔莱创始者的卡尔·宏邦,可参见薛理勇:《纽崔莱营养食品发明人卡尔·宏邦的上海不了情》,《上海滩》2002年第9期,第62页。
④ 根据笔者检阅《1833—1949全国中文期刊联合目录》(全国图书联合目录编辑组编,书目文献出版社1981年版,第1040页)发现,英瑞公司曾在1929年至1935年出版发行过《勒吐精婴孩卫生季刊》,这两份期刊很有可能是同一份期刊。

图 4-5　汉口市保婴运动会勒吐精广告

资料来源：《保婴运动大会举行决赛》，《新汉口：市政公报》1930 年第 11 期，第 176 页。

为了使消费者正确使用该产品，英瑞公司还特别聘请了中西女医生各一名，声称消费者对使用勒吐精奶粉有任何疑问，都可以询问，医生会免费解说如何正确使用奶粉，还可上门解说用法，且不收分文。①专业的售后服务也给消费者购买带来了良好体验，这都帮助英瑞公司打开了中国市场。

随着勒吐精在沿海口岸的热销，其在民国时期已成为进口奶粉的一种象征，在修订进口税则时，"牛奶粉"一项中就将其作为奶粉的例证。②时人提到奶粉时，多以勒吐精代称，如董乐山曾写

---

① 《英瑞公司近况》，《申报》1922 年 12 月 13 日，第 17 版。《英瑞公司开设样子间》，《申报》1923 年 6 月 24 日，第 18 版。
② 上海商品检验局、国际贸易导报编辑室编：《修正国定进口税则》，黎明书局 1933 年版，第 26 页。

诗云,"美人赠我宝塔巾,我赠美人勒吐精"。①在一些民国小说中,只要提到奶粉,尤其是外国奶粉,则多是勒吐精和克宁。②

二、华商的经销

随着国货运动和各种抵货运动的兴起,牛奶也开始带有民族主义的色彩,特别是进口的代乳粉等明显有着西化色彩的商品,需要接受民族主义的洗礼。1925年8月,随着国货运动的开始,镇江学生会函请调查中法药房销售的肥儿代乳粉。③1925年"五卅"罢工期间,两名印度人购买牛奶后,途经陆家渡,被罢工民众发现,民众随即找到卖主,指责其贩卖食品给外国人。④而在抵制日货期间,部分日本商品不得不改用美国商标。⑤

在民族救亡持续高涨的20世纪上半叶,中国厂商的产品都突出本民族的特点,即使西方的广告代理人在设计中国产品时,亦考虑到此点,以迎合社会风潮。某中国牛奶公司曾邀请一广告代理人劳画(A.C.Row)为其设计产品包装,劳画将罐头设计成三角形,并在罐头三面印成红色,上面印了牡丹花和一个婴儿。劳画认为,红色在中国人眼中是一种喜庆的颜色,很受国人喜欢;牡丹花又是花中之王,以此来代表牛奶,也寓意着这种牛奶也会受国人欢迎;说明文字同时使用中英文两种,以英文"使人重视",以中文让人明白。这个设计在广告公会中被其他广告代理认同,认为红色因其颜色鲜艳,很容易吸引消费者,而三角形的罐头设计,和当时市场上其他圆形罐头不同,也颇具特色。⑥

---

① 《记江南第一支笔》,李辉编《董乐山文集》第一卷,河北教育出版社2001年版,第244页。
② 丁玲:《丁玲杰作集》,东方文化社1937年版,第148页。予且:《小菊》下册,中华书局1931年版,第383页。
③ 《提倡国货昨讯》,《申报》1925年8月30日,第15版。
④ 《罢工及救济昨讯》,《申报》1925年6月18日,第13版。
⑤ 《日本牛乳冒用美国商标》,《兴华》1919年第32期,第32—33页。
⑥ 《广告公会开会记》,《申报》1920年10月20日,第10版。

第四章 与鲜奶竞争：近代上海代乳品的发展

进入20世纪20年代，华商也开始介入原本充斥外资的奶粉和炼乳市场，惠民奶粉股份有限公司于1927年成立，并迅速发展为民国时期上海市场上较为常见的奶粉产品，其创始者为原宝华公司华方经理李元信。①1941年后，因太平洋战争爆发，外资企业受战争波及，纷纷减少在华投资，华资公司则乘此扩大市场。1942年年底，中国奶粉厂经筹备，在静安寺路（今南京西路）创立。②1943年，大陆奶品厂创立。③同年，中国合众消毒奶粉厂股份有限公司成立。④在上海之外，温州的百好炼乳厂、浙江的西方炼乳公司，都是比较知名的乳制品厂。⑤

不同于洋货多由洋行代理经销，华商多直接参与生产、销售环节，但其中也不乏特例。惠民奶粉虽完全由华商集资创办，却标榜自己"美国生产"，这是因为惠民奶粉是从美国、加拿大和澳洲购买奶粉后，在中国分装入罐，再运销到全国各地，公司认为这样做可以降低成本。这个方针在历经几任董事改选，都始终不变。⑥惠民在宣传初期，仿效美国流行的猜豆游戏，在先施公司正门的玻璃橱窗内陈列一个玻璃瓶，让消费者猜测里面有多少粒豆子。消费者须凭在猜豆券上填写数目，三磅装奶粉罐内附大号猜豆券一张，每张可猜三个数目，在一磅装奶粉罐内附小号猜豆券一张，每张可猜一个数目。然后由公司在北京大戏院开奖，猜中者，可得到百元至千元的奖金。⑦这个活动第一次举办，就引起了很多人的兴趣，

---

① 《李元信组织奶粉公司》，《申报》1927年9月29日，第15版。
② 《中国奶粉厂招股续讯》，《商情报告》1942年特1345期，第1页。
③ 《大陆奶品长创立讯》，《华股日报》1943年第337期。《大举行创立会之公司大陆奶品制造厂股份有限公司》，《银行周报》1943年第27期，第33—34页。
④ 《中国合众消毒奶粉厂股份有限公司》，《新都周刊》1943年第8期，第8页。
⑤ 林聚光：《中国乳牛品种改良之研究》，《国际贸易导报》1934年第5期，第227页。
⑥ 《惠民有限股份公司招股章程》1927年，上档，Q275-1-2007。
⑦ 《惠民公司猜豆竞赛》，《申报》1929年10月31日，第8版。

为公司打响了名声。①

为了进一步宣传推销产品,华商广告更将国家的命运与儿童的未来联系在一起。惠民奶粉的"民族牌"极具有时代特色——"国难当头请用国货"。②1943年中国奶粉厂股份有限公司的招股章程中这样说道:

> 在我国生产事业落后已非一日,大而工业机械,细若化妆用品,无不仰给国外,以至每年入超数字可惊可叹。有识者早已声嘶力竭,冀唤醒国人奋起自勉,挽回利权。奈因种种困难,未收成效。溯自太平洋事变发生已还,航运阻隔,舶来品之来源既绝迹,几沪地生产事业莫不应事实上需求之刺激各就本位,努力声场,以资供应。兹我牛奶同业,因鉴奶粉一向素赖外货,今来源既绝,若无适当国产供应关系,我全国未来主人翁之健康实非浅鲜。爱集合同业先进集中人才,以数十年经营牛奶之经验,冀出品完全纯净,合乎标准之奶粉,徇为全国关系子女前途之父母之福音。③

从上文可知,华商乳制品厂与华商牧场一样,都迫于洋货在市场上的支配地位和影响力,不得不奋起自救,以"挽回利权"。但这种话语并不仅局限于华商广告中,外商也懂得利用。如宝华干牛奶就在《良友画报》上以整版宣传产品,广告中由两个中国婴儿抱着奶粉罐头,而右侧则醒目地写着,"强国必先强民,强民必先强种"。这种将儿童和国家命运联系在一起的做法,可以在其他厂商中的广告中看见。不过同时,宝华干牛奶又不忘标明"美国

---

① 《惠民公司竞赛昨日揭晓》,《申报》1928年2月12日,第14版。
② 《惠民奶粉广告》,上档,Q275-1-2007。
③ 《中国奶粉厂》,上档,Q275-1-2007。

制造"。这种既突出民族特色,又不忘说明西方背景,以证明其科学性和安全性。可见,广告商虽极力将奶粉、儿童健康和民族兴衰联系在一起,但本质上其还是"在商言商",以获得最大利益为根本目的。

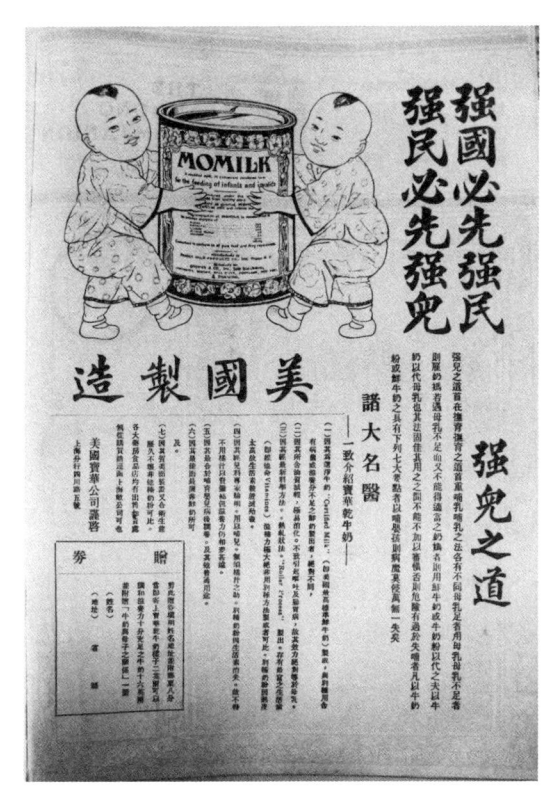

图4-6 宝华干牛奶广告
资料来源:《良友画报》1926年11月15日,封1。

三、商标之战

华资厂商和外资企业之间的冲突多聚焦商标问题。中国的罐头制品多从美国输入,"一战"后,曾有日本等其他国家的炼奶进入中国市场,但以鹰牌为代表的外商产品依旧占据炼奶市场主要份额。"罐头牛奶制成酥,签贴标牌洋各殊。独有飞鹰惟妙品,家家争买羡膏腴。"①这首竹枝词中,可以充分体现鹰牌炼乳在当时市场上的地位。

鹰牌借由洋行销售,较早就进入中国市场并获得较高知名度,这也使其被仿冒者盯上。②1904年,德商天福洋行就向会审公廨控诉华商仿冒鹰牌炼乳,并称上海市面上所售鹰牌"不下百余种"。③1915年1月,上海公利洋行查出法租界一家华商洋货行伪冒鹰牌炼乳,将之告上会审公廨。④1919年,经销鹰牌炼乳的美商伯顿炼乳公司将九江路一家日商洋行的华人经销商告上会审公廨,声称其"私造仿单粘贴牛乳罐上",随后捕房在被告处搜出仿单1.2万张及已印好的包皮纸8000张,会审公廨以被告"不应冒用原告商标"为由,判罚被告洋银500元,并将所有仿单销毁。⑤

1927年至1930年,鹰牌和温州百好炼乳厂的商标争夺案是当时华洋牛奶商之间最著名的一场纠纷。1926年,浙江商人吴百亨在温州创办了百好炼乳厂,并参照了鹰牌的商标,设计了"白日擒雕"牌。南京政府成立后,吴百亨抢先于1928年向商标局登记注册。鹰牌的商标是1927年6月,由美国波顿公司转让给英瑞公司的,在"白日擒雕"牌登报公示期间,英瑞公司可能并不关心南京政府的新政令而因此疏忽大意。直到"白日擒雕"牌在市场上销售时,英瑞才派出律师,向商标局提出申诉。百好炼乳厂则辩

---

① 《罐头牛奶行》,潘超等主编《中华竹枝词全编》第2册,北京市出版社2007年版,第275页。
② 姚贤镐编,《中国近代对外贸易史资料(1840—1895)》,中华书局,第2册,第1098页。
③ 《英美等国租界公廨会讯案》,《申报》1904年8月15日,第9版。
④ 《控诉出售冒牌牛奶》,《申报》1915年1月27日,第10版。
⑤ 《控诉仿造牛乳商标》,《申报》1919年5月29日,第12版。《伪造牛乳商标之科罚》,《申报》1919年5月31日,第12版。

称,其申诉已超过法定期限,且日本有鹭鸟牌等相似的商标,也同样销售于市。南京政府商标局评定后,驳回了英瑞公司的请求。在 1930 年新《商标法》公布后,商标局对英瑞的申诉维持原判。英瑞公司在商标案败北后,曾试图以价格战来打击百好炼乳厂,但吴百亨随即以更低的价格回击。英瑞又企图收购"白日擒雕"商标权,被吴百亨拒绝后,想出购买一批擒雕牌炼乳,等其变质后在市场上出售,来打击百好厂的名声。吴百亨发现后,将变质产品全部买回,并将其沉入福州港。英瑞在这场商标战中以失败告终。①

这起商标案虽然百好炼乳厂取得胜利,但是也从另一个侧面说明当时华商要与外商竞争,如果没有更强大的经济实力,没有先进的技术,没有性价比高又卫生可靠的产品,选择在商标上剑走偏锋,也是一种经营策略。这种做法因为很容易就被认为是仿冒,所以具有一定风险。"白日擒雕"牌依照法律程序申请,又是民族产业的代表,但英瑞公司的鹰牌长期占据市场主导地位,在民众心中已经成为炼乳的代名词,"白日擒雕"近似鹰牌的商标,也被称为"温州鹰牌"。②

洋货在中国消费者心目中,一直是高质量的代名词,国产品牌很难与其抗衡。有些产品明明是国产品,为了吸引消费者,而不得不标上外国制造。1942 年,工部局的一次检查中就发现市场上出售的所谓"荷兰制造并装罐"力士牌炼乳,其实是在江湾一家未领取执照的房屋内生产的,当场全部没收。在检验后,发现这批炼乳并不适合婴孩食用。③

事实上,不仅国产乳制品存在卫生问题,进口货同样不能幸免。市政当局都曾对乳制品中的脂肪含量有所规定,以 1928 年公

---

① 关于具体论述,可参见袁成毅:《民国时期中英炼乳品牌纠纷案件探析》,《民国档案》1999 年第 4 期,第 57—61 页。
② 《华洋月报》1935 年第 1 期,第 152 页。
③ 《力士牌炼乳冒充荷兰制造》,《申报》1942 年 3 月 20 日,第 5 版。

布的《牛乳营业取缔规则》为准,第三条中规定,"炼乳之脂肪量百分中应为 8.0 以上"。而 1932 年上海市卫生试验所对市场上 21 种进口炼乳进行化验后,在 11 个全脂炼乳中,有 3 个样品在封纸上以英文或日文说明"系全脂之炼乳所制,其适于婴孩之用"等语,但其脂肪含量在 8.0% 以下,这三者的产地分别为新西兰、日本和瑞士。①可见洋货同样不是百分百安全。

小　　结

其实,动物奶并不限于牛奶。羊奶、马奶都可饮用。从 1920 年开始,报刊上也有宣传羊奶的文章,②到了 20 世纪 30 年代,有两三家羊奶公司,如 1933 年成立的上海羊奶公司和 1935 年成立的爱伦羊奶场。③此外,报刊上还有关于豆浆的宣传,称其比牛奶更营养,更适合中国人饮用,工部局卫生处也曾撰文证明其营养价值。④但总体来说,它们都不如乳制品畅销。⑤

乳业知识起初仅限于专家的讨论,在宣传推广饮用牛乳方面的影响,是很有限的,相对而言,广告则更具有直观效果,刺激民众购买欲望。报刊广告透过各种不同的诉求与强调视觉效果的图

---

① 栗智等:《上海市政府实习总报告之教育行政卫生行政土地行政》,中国国民党中央政治学校、南京图书馆编《二十世纪三十年代国情调查报告》第 251 册,凤凰出版社 2012 年版,第 24 页。

② 《羊乳与卫生》,《申报》1920 年 10 月 14 日,第 16 版。《羊乳为婴孩及体弱者之食料较胜于牛乳》,《申报》1923 年 3 月 5 日,第 20 版。《哺婴儿宜用山羊乳》,《申报》1924 年 3 月 22 日,第 20 版。

③ 《上海羊奶公司品质优良　卫生当局认为超过标准》,《申报》1933 年 12 月 19 日,第 11 版。《爱伦羊奶场巡礼》,《申报》1936 年 7 月 16 日,第 23 版。

④ 张正夫:《豆腐浆之效用》,《申报》1924 年 7 月 24 日,第 18 版。Analyses, Annual Report of the Shanghai Municipal Council 1912,上档,U1-1-925。

⑤ 有关豆浆和牛奶的竞争还可参见王书吟:《哺育中国:近代中国的牛乳消费——二十世纪二、三〇年代上海为中心的考察》,(台湾)《中国饮食文化》2011 年第 1 期,第 230—234 页。

像,配合多样的营销手段,目的在于加强民众的购买欲。

广告在建构"完美"的话语时,会使用诸如"最补饮料,无上食品"之类语言来突出产品的完美特点。代乳品的发展必然导致间接剥夺母乳喂养的权利。[1]但是厂商对于产品的阐释有别于一般论述,着重产品的特殊功效,唯有添加特殊成分的自家商品才能给婴儿带来健康,进一步促进了代乳品取代母乳的步伐,扩大了代乳品市场。

早期中国市场上的罐头牛乳或者乳粉多为进口。通常有雀巢、鹰牌、好立克等。[2]除了药店出售外,还通过拍卖行来经销。外商品牌进入本地市场后,为打开销路,必须结合各种宣传和促销手段,以便使消费者尽快熟知。雀巢公司在中国的销售,凭借雄厚的资金,以多样化、本土化的营销打开了中国市场,得到了消费者的青睐。

奶粉和炼乳大量输入中国,不仅刺激中国本土乳品制造业的成长,也带来不同的销售文化。而民族产业的兴起提供了奢侈品转变为生活必需品的契机。华商和洋商在上海乳品市场上的竞争,必须结合不同的乳品论述,发展独特的产品形象、建构特殊的附加价值。华资企业从进入市场的开始,就面临和洋货的竞争,民族救亡话语为华商的生存提供了市场空间。

但是商品市场的竞争,说到底是以盈利为最终目的。洋货在市场的优势地位,引来了国货的仿冒。吴百亨与英商的商标战,表明华商开始意识到品牌的重要性,并积极通过法律程序保护自己。

---

[1] 陈银河:《正常婴儿之喂养法》,《申报》1946年12月13日,第10版。
[2] 《罐头牛乳之调查种种》,《申报》1923年2月2日,第17版。

第五章　危机与挑战:20世纪40年代上海乳业的困境

20世纪40年代的上海,经历了"沦陷""光复""内乱"的特殊时期。消毒牛奶,这种伴随近代工业化和机械化而诞生的卫生食品,因其高度依赖于电力煤炭等设施,加之牛饲料的需求,因飞速上涨的物价和被统制的物资,而导致上海的乳业商人们陷入生存危机。随着战争胜利,乳品市场并未得到全面恢复,而是迎来了新的挑战。这些变化也使得市政当局不得不出台新政策应对。

第一节　战时体制下的牛奶业

1937年11月,上海沦陷,仅公共租界和法租界未被日军占领,时人称之为"孤岛"。1941年12月8日,日军偷袭珍珠港,太平洋战争爆发。同日,驻沪日军占领公共租界,此时的法租界名义上独立,实际也在日本控制之下。1943年,汪伪上海市政府在日本的帮助下,"接收"公共租界和法租界,租界所在地区直接并入上海市政府辖区,公共租界被改为第一区公署,法租界被改为第八区公署,均由陈公博兼任公署主任。

一、战时市场发展

"八一三"事变后,日本侵略军对上海发动大规模进攻,战火给上海地区的工商业带来极大的摧毁。地处大场镇的美商红印牛奶棚(Popularglove Farm),虽挂有美国国旗,却还是在日军飞机的猛烈轰炸下,20多头奶牛被炸死。①华商牧场直接受战事影响的有13家,其中江湾的上海蓄植牛奶公司和中山路上的丽园农场,都被炸成一片废墟。其余规模较小的牛奶棚被毁尚有十一家之多。地处战事地带的商人不得不将奶牛运往安全地点。②

但在租界内,牛奶却并不缺乏。由于大部分订户离开租界,牛奶商每日生产力已足够应付消费需求。随着战事的平稳,上海蓄植牛奶公司、丽园、洁园,和其余小规模之牛奶棚,仍在沪西及惇信路(今武夷路)一带设立临时农场继续营业,其他牧场也开始恢复营业。

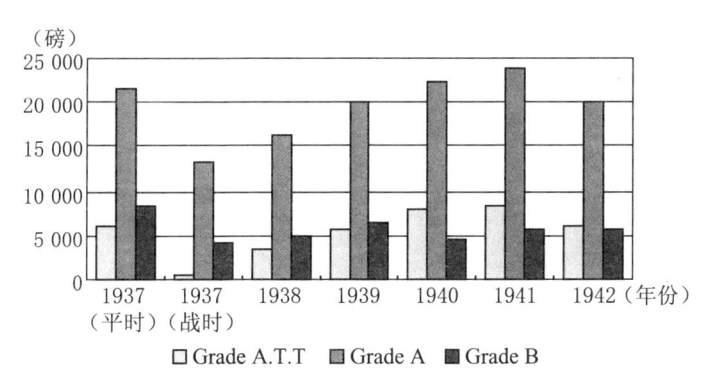

图 5-1　1937 年至 1942 年公共租界三种执照牛奶平均日产量

资料来源:Licensed Dairies—Summary, Annual Report of the Shanghai Municipal Council 1932~1937,上档,U1-1-945~950。

从图 5-1 可见,随着战事平稳,牧场生意逐渐恢复,并重新运营。产量稳中有升,消费需求在不断增加。自上海成为"孤岛"以后,人口总数接近 400 万,人均消费牛奶数量下降,不少市民改买炼乳和奶粉。

---

① 《大场炸毙美商奶牛》,《申报》1937 年 8 月 21 日,第 2 版。
② 《沪战中之乳业》,《申报》1937 年 9 月 22 日,第 8 版。

虽然牛奶市场供不应求，但此时的牛奶商面临着难以维系收支平衡的困局。受战争影响，物价节节上涨，奶牛饲养成本骤增，诸如"麸皮在战前仅二元四五角一包，现在竟涨至六元五角一包，战前十八元一吨的婆罗块煤，现在竟涨至七十多元。牛奶价格虽涨，仅及三分之二，绝未涨至一倍以上"。①1940年，市场上牛奶零售价虽然比1939年上涨90%，却因饲料短缺，物价飞涨，煤价高昂，致使不少牧场无力使用蒸汽消毒，牛奶品质也大不如前。②

公共租界工部局因此曾提出增加执照费，并建议将A级和B级牛奶棚之每只牛每年缴纳执照费15元（法币，下同）；A.T.T级，每只牛每年纳执照费20元。1941年，工部局董事李德尔（J.H. Liddell）提议工部局在增加各项执照费时，"勿将牛奶棚之执照费列入增加之列"，此项提议作为提案在2月5日的纳税人会议上讨论。李德尔认为，牛奶是日常必需品之一，增加执照费，无异是抬高牛奶售价。况且"牛非货物而系资本，资本决无纳捐之理，如视牛为货物而纳捐，则洋纱械花丝绸等各种货物，均将有纳税之义务。"之后，时任工部局总董的恺自威（W.J.Keswisk）报告工部局去年全年向各牛奶棚所收得之执照费全数为700元左右，而工部局为牛奶棚所设之卫生服务，仅聘请兽医一项，就以超过此数额甚巨。再者，查牛奶棚之营业，据调查所悉，去年总额为800万元，而此决定所建议增加之数只是营业总额5‰，为补偿工部局损失，纳税人应当通过工部局之原建议。随后，主席以举手法宣布表决，结果反对者占多数。虽然李德尔的演说得到在场听众的热烈鼓掌，但纳税人多为有资产者，这项提案最终只能被否决了。③

---

① 刘春华：《牛奶业在上海》，《上海生活》1939年第9期，第11—12页。
② Milk, Annual Report of the Shanghai Municipal Council 1940，上档，U1-1-953。
③ 《严密戒备之下，纳税会今日重开》，《申报》1941年2月5日，第9版。《纳税会昨顺利开成，加捐案已获通过》，《申报》1941年2月6日，第9版。

到了1943年6月,上海有牛乳场25家,有乳牛3 130头,其中A.T.T者5家,乳牛总数在572头左右,每日产乳7 000磅;A级者12家,乳牛总数2 190头,每日产乳2.23万磅;B级者8家,乳牛总数368头,每日产乳4 200磅。①较之战前,所差无几。

二、丙等执照

市政当局实施物价统制后,鲜牛奶仍然照常供应,只是A等牛奶因电力煤炭供应不足,产量有限。②所以,汪伪市政府不得不开始给那些没有领得甲乙两等执照的牛奶棚,颁发一种"丙等"执照(也称"C级执照")。

丙等执照在化学与细菌标准及乳场房屋条件等方面相对甲乙两等要求更低,品质"仅供烹饪及工业用途",1941年9月11日,由汪伪上海特别市卫生局拟定的《上海特别市管理牛奶棚规则草案》,开始将牛奶棚申领执照分为甲、乙、丙三等:甲等执照费100元,乙等50元,丙等25元。③该草案于1941年10月11日开始施行,并且规定丙等乳场所出之牛乳只能用于工业及厨房。④1943年8月,汪伪上海特别市第一区公署,要求境内所有牛奶棚必须向其申领执照,否则不能营业,然,"为体恤暂时尚未合格领得'甲等结核菌素检验'及'甲'等或'乙'等之乳场起见,本署兹订定一种'丙等'乳场执照。领照规则,可以书面向本署索取"。⑤

---

① 郝履端、严炎:《上海市乳牛场调查》,《农业通讯》第1卷第5期1947年10月,第45页。
② 《食物统制声中,乳品类供应现况》,《申报》1942年3月10日,第6版。
③ 《上海特别市管理牛奶棚规则草案》1941年9月,11日,《日伪上海特别市卫生局关于宰牲检验规则、管理和规则、管理发售鲜肉店摊规则、管理牛奶棚规则》,上档,R50-1-54。
④ 《上海特别市管理牛奶棚规则》,《上海特别市政公报》,1941年第10期,第94—97页。
⑤ 《为丙等乳场执照事》1943年8月27日,《日伪上海特别市第一区公署布告(丙等乳场执照事)》,上档,R22-3-963。

值得注意的是,丙等牛奶也须实行细菌标准:"在消毒以后,及在递送以前,或正在递送时,不得于每一立方厘米内含有十万个以上之细菌,及(或)于每一立方厘米之百分之一内含有任何大肠杆菌。"且须接收卫生局检验,如不合格,则同样受到处罚。①无论是租界还是汪伪政府都极力维护牛奶消毒制度。根据1944年日伪上海特别市卫生局制订的《关于乳类及乳场管理规则》中第二十八条规定,"丙等消毒乳汁及乳酪,未得本局特许前,不得以瓶装出售,但得以桶装销售于饮食店及作工业之用",可汪伪卫生局在1945年发现,丙等乳场装瓶销售者比比皆是,汪伪卫生局有心取缔,却碍于早先曾允许这种瓶装销售暂时存在,现在如果禁止销售,既可能影响小牧场生存,也可能影响部分牛奶订户。可长此以往,却又会使新的乳场规则形同虚设,所以在兼顾原来之第二十八条基础上,规定"丙等乳场销售瓶装乳汁或乳酪者,须自公布日起十日内向卫生局书面申请临时特许",并进一步要求"该项书面申请经本局派员调查,并连续采取样品三次作成分及细菌检验,而至少二次合格者,始行发给临时特许",随后又对丙等乳制品的含脂率和非脂固体含量等,作出明确具体的要求。②

　　丙等执照颁发后,许多原来够不上资格申请甲等和乙等执照的小牧场,纷纷开始申请。因申请执照,必须由卫生稽查员检查卫生情况,符合标准后才能颁发执照,所以稽查员和牧场经营者之间有一定的利益关系。1943年,卫生处稽查员夏廉堂被人密告到警察局,声称其在小牧场办理执照时收受贿赂,执照手续费上要求3万中储券,牛奶化验费则按月付费。汪伪上海特别市警察局侦缉科随即展开调查,先审问了凯凯牧场的杨智文,杨氏只承认和夏廉

---

① 《上海特别市第一区公署布告第17号　为丙等乳场执照事》1943年8月27日,《日伪上海特别市第一区公署布告(丙等乳场执照事)》,上档,R22-3-963。
② 《为拟具丙等乳场销售瓶装乳汁或乳酪办法》1945年6月14日,《日伪上海特别市政府关于乳类及乳场管理规则》,上档,R1-12-94。

堂有亲戚关系,办理执照时,曾在华府饭店设宴,询问申办的条件,绝无送礼贿赂。侦缉科探员唯恐杨氏说假话,将其暂时扣押后,先后又审问有关涉案人凯凯牧场主徐文石、新星牧场胡锡坤、梅林食品公司顾士奇、华利牛奶棚吴若愚、家庭牧场陈永香和兄弟牧场朱砚清等。这些人都承认在申办执照期间和夏廉堂有所接触,但都否认贿赂他。探长又审问了夏廉堂和卫生处职员刘仁初,两人也对受贿之事,矢口否认。至此,此事被认定为"较小组织之牧场因设备不齐,被卫生处批示,遂至怀恨该处职员"。①

三、争取物资

除了丙等执照这一战时特殊状态的产物,当时对牛奶商来说,另一个变化则是为了购买饲料和其他生产资料,需要与日军"合作"。1940年,工部局成立了饲料、牛奶生产委员会(Fodder, Milk & Dairy Products' Committee),目的在于调查市场情况,以便给出建议。1941年至1942年,委员会争取了一批物资作为牧场的生产资料。②

日军为更好地控制牛奶商,将原有之联谊会改组成日华乳业联合会,并强迫华商加入,其中多为A级牧场。③1942年12月29日在日本俱乐部召开的准备会上,选举出以上海乳业株式会社、北海道兴农公社、海宁洋行、可的牧场、中国奶粉厂、生生牧场、丽园农场、中国奶粉厂和上海乳品公司八家为筹备委员,全部出席者有21家牧场,其中华商牧场占15家,日商占6家。④不过,联谊会并未丧失独立性,此后仍能代表同业向日伪市政府提交各类申请。

---

① 《上海特别市警察局调查第一区公署卫生处职员刘仁初等勒索案》,上档,R36-11-433。
② Fodder, Milk & Dairy Products' Committee, Annual Report of the Shanghai Municipal Council 1942,上档,U1-1-955。
③ 《上海市日华乳业联合会规约和有关文件》,上档,S118-1-6。
④ 《上海日华乳业联合会设立筹备会》1942年12月29日,《上海市乳品业同业公会(牛乳场联合会)(乳品制造业联合会)章程及敌伪时期上海日华乳业联合会规约和有关文件》,上档,S118-1-6。

首先就是极力争取让当局取消价格控制,以便联谊会能根据市场实际情况,调整价格。

战时食物短缺导致中国许多城市居民缺乏足够的营养,牛奶对那些有足够购买力的人来说变得特别重要。工部局一方面让消费者持登记卡,换领鲜奶供给定单。这些订单严禁被转让给他人,即使是暂时转让,也是不被允许的。一旦停止饮用,必须申请注销订单。①另一方面,工部局向界内牛奶商招标,给所属的医院和学校提供 A.T.T. 和 A 等牛奶。②1943 年 2 月 3 日,工部局发布告示,要求界内居民,凡是希望以官定价格获得鲜奶者,须在 2 月 3 日、4 日、9 日、10 日,向租界内任一发证办事处,登记所需数量,登记时,需要出示身份证及市民证,病人需要医生出示证书。儿童则需要父母提供年龄和户口证明。2 月 24 日,物资统制处配给部将儿童年龄缩小为"三岁以下",并限制在 24 小时之内申请。③3 月 10 日后,物资统制处再次强调,登记手续时,要提供生产报告、户籍证明和医生证明。④1944 年 4 月,汪伪上海特别市第一区公署以 7 折的价格,将牛奶配给医院和 12 个月以下的婴儿。⑤尽管公共租界和法租界在战时都开始实行价格限制,企图控制飞涨的物价,但成效甚微。况且通货膨胀的速度使得同业公会的成员们一再向物资统制处要求涨价,以维系成本。⑥

---

① 《工部局换发鲜奶供给定单》,《申报》1943 年 4 月 10 日,第 4 版。《为供给鲜牛乳订单禁止转让事》,《上海公共租界工部局公报》1943 年 6 月。
② 《为招标供给牛乳及乳酪事》,《上海公共租界工部局公报》第 11 卷第 16 期,1940 年 10 月,第 8 页。
③ 《本市鲜牛奶食户　应向工部局登记》,《申报》1943 年 2 月 2 日,第 5 版。《牛奶购买许可证　二十四小时内领》,《申报》1943 年 2 月 24 日,第 5 版。
④ 《乳婴病人申请牛奶　须凭三种证书》,《申报》1943 年 3 月 10 日,第 5 版。
⑤ 《上海特别市第一区公署布告　第二三二号》,《申报》1944 年 4 月 12 日,第 2 版。
⑥ 《上海市乳品业同业公会为调整牛乳食欲向有关单位请示的来往文书及调价的新闻报导、价目单和核算牛乳成本的有关材料》,上档,S118-1-16。

第五章 危机与挑战：20世纪40年代上海乳业的困境

上海牛乳场联合会主席尢志迈极力与工部局物资统制处的平野修（音译，O.Hirano，1943年8月后，在汪伪上海市第一区公署经济处任职）保持良好的关系。此前两人都是饲料、牛奶生产委员会委员，多有接触。①在1943年9月的会议上，尢志迈代表联谊会成员，向当局陈述营业困难，要求加价。平野修同意加价，并声称为保证生产，日方将可能禁止白塔油（黄油）出售，同时鉴于当时奶粉炼乳"有争饮牛奶之现象"，当局考虑将限制出售。平野还希望加价成功后，同业公会能继续和日方"合作"。②在联谊会多次向当局争取后，1944年12月11日，汪伪上海特别市经济局允许联谊会在一定范围内修订牛奶价格，并向外界公布。尽管有评论认为牛奶涨价将致使消费者流失，但也有人认为，如果不能保障生产商的成本，那么低价供应的牛奶很可能会有各种问题。③

联谊会还需要在饲料和电力等方面得到物资统制处的配合。鉴于奶价问题很大程度上取决于成本控制，其中，饲料配给占有非常重要的地位。饲料中的麸皮、米糠等都属于物资统制的对象，联谊会不得不多次写信要求配给饲料。日华乳业联合会成立后，就给会员们发送调查表，以便使会员得到当局的优先配给。④此后，联谊会曾向物资处申请米糠、大麦和草料等，物资处尽量满足要求，有时在不能满足的情况下，会以其他物资代替。如联谊会曾向

---

① Fodder, Milk & Dairy Products' Committee, Annual Report of the Shanghai Municipal Council 1942，上档，U1-1-955。
② 《乳业大会记录》1943年9月1日，《上海市乳品业同业公会（牛乳场联合会）会员大会及理监事会议记录（附乳品制造业联合会、乳业大会会议记录）》，上档，S118-1-13。
③ Increase in Milk Prices Considered, Shanghai Times, 1944年7月12日，《上海市乳品业同业公会向物资统制处等单位申报牛奶价格成本和预售牛乳订费问题等有关文件》，上档，S118-1-17。
④ 《日华乳业联合会创立委员会致源生牧场》1942年11月，《上海市乳品业同业公会（牛乳场联合会）会员大会及理监事会议记录（附乳品制造业联合会、乳业大会会议记录）》，上档，S118-1-13。

平野请求配给三级面粉，当时这种面粉被配给日商的乳牛食用，平野答应考虑他们的请求，后来，物资处以该项面粉并非配给，但考虑到其困难，换以糠壳295袋。①

日本军方控制沪西电力股份有限公司后，将其托管给华中水电股份有限公司。自由农场和蓄植牛奶公司超过了电力公司的配给额度，被处以高额罚款。尤志迈写信给汪伪上海特别市卫生处副处长田代良显（Y.Tashiro），请求帮助，同时又请平野出面，安排其与田代见面。这次见面会谈后，联谊会成员很快得到了充足的电力用以生产消毒牛奶和冷气保藏。②1944年10月，华中水电股份有限公司以既非战时物资又非日用品，切断了牧场的水电供应。平野帮助生生牧场和最高牛奶公司重新通电。③

第二节　统制体制的影响

一、沈九成与生生牧场

沈九成（1882—1960年），浙江慈溪人，又名嘉奎。早年曾在上海南市高裕兴烛店当学徒，掌握制造烛芯技术。1912年他与陈万运、沈启涌合伙组成三友实业社，近代民族资本之佼佼者，该厂作为国内第一家生产毛巾的企业，生产的"三角牌"毛巾于1926年美国费城世博会上荣获纺织品类丙等金奖章，随后将日产"铁锚牌"毛巾挤出上海市场，打破日产毛巾垄断上海市场的局面，并行销国内大中小城市和农村，乃至东南亚地区。

三友实业社在三人二十余年的苦心经营后，到20世纪30年

---

① 《物资采备配给科　配给169号》1944年4月11日，《上海市乳品业同业公会（牛乳场联合会）会员大会及理监事会议记录（附乳品制造业联合会、乳业大会会议记录）》，上档，S118-1-13。

② Power Allotment，1944年5月2日，《上海市乳品业同业公会向物资统制处等单位申报牛奶价格成本和预售牛乳订费问题等有关文件》，上档，S118-1-17。

③ Letter to Mr. O.Hirano，1944年10月12日，《上海市乳品业同业公会向物资统制处等单位申报牛奶价格成本和预售牛乳订费问题等有关文件》，上档，S118-1-17。

代初,已发展为拥有两家大型工厂、17个郊区工场、37个发行所,职工六千余人的华资企业。他也从烟纸店小学徒逐步成长为一名资本数十万的公司总经理,进而当选中华全国工商协会副会长和上海市商会董事,还是上海机制国货工厂联合会(简称"机联会")发起者之一,①可以说是"实业救国"的商人典范。不过,在三友实业社的营业进入鼎盛阶段时,沈九成与其他两位创办人因人事纠纷问题而分道扬镳。

生生牧场是沈九成在1929年独资创办的牧场,离开三友实业社后,他便一心扑在牧场发展上,并将其经营为华资牧场中少有的A级牛奶场。作为上海市少数较有作为的华资牧场,生生牧场参加了1933年开始的国货展览会,"以纯种荷士丁乳牛,当场表演取乳方法",这种直观的宣传方式使生生牧场的A字商标印入观众们的脑海。②生生牧场和自由农场等几家华资牧场成为国货中爱国牧场的代表。除此之外,沈九成还是上海畜种改良会的召集人,他联合其他专家组织了兽医促进会。③

在淞沪抗战后,上海的多数华资牧场因地处郊区和闸北,被战火波及而被摧毁,生生牧场成为少数可以生存下来的华资牧场,至1946年,生生已经发展为工人50多人,职员30余人的著名牧场。④

二、沈案经过

1945年,日本投降,国民政府从陪都重庆迁回南京,这不仅意味着持续数年的抗战取得胜利,也意味着对战时通敌行为进行全面清算。1945年12月6日,国民政府公布《惩治汉奸条

---

① 程守中、周节之:《国货运动中的上海机联会》,中国人民政治协商会议上海市委员会文史资料工作委员会编《文史资料选辑》(1982年第4辑),上海人民出版社1982年版,第209页。
② 潘君祥主编:《中国近代国货运动》,中国文史出版社1996年版,第440页。
③ 《商品检验局等组织畜产改良会》,《申报》1933年12月5日,第14版。徐矶、李易方主编:《当代中国的畜牧业》,当代中国出版社1991年版,第472页。
④ 《生生牧场沈万灵受初审》,《中央日报》1946年2月20日,第3版。

例》,各地开始了轰轰烈烈的肃奸运动,人民大众和媒体舆论也给予莫大关注,不少在战时有资敌和通敌行为者被检举揭发,并被审判入狱。

1945年12月初,大西路(今延安西路)上生生牧场员工盛阿弟向农林部京沪特派员办公处告发场主沈九成有"附逆"行为,并称其"隐匿敌产",主要罪证有:

> (一)勾结日人官川源吾,合资经营南州牧场。(二)聘请日人丰岛梅野、野口、正一郎、关一利等为经理。(三)将牛乳资送日军。(四)工友金赓年,因不堪压迫,请求退职还乡,反遭威胁恐吓,致被迫自杀。(五)职工代表张道德、赵意文、李有根等要求改善待遇,竟联络日军二三二二部队,加以拘捕,痛遭毒打,含冤停职。(六)将三号黑面粉,及豇豆、绿豆、玉蜀黍、碎米等物,供职工进食,有要求改善者,亦被迫停职。(七)沈逆三子实益,战时留学日本,返国后充日军二三二二部队翻译,依仗敌势,压迫职工。(八)将日大使馆所配给职工之物品,如麸皮、豆饼、花饼等,转售图利。①

农林部京沪特派员办公处接到检举后,于12月14日派员,会同上海市敌伪产业处理局长宁路分局两位警员,携带数十张封条,前往位于大西路175号查封生生牧场。不料,沈九成并不在场,他们只好带走了其子沈万灵,并且也没有实际查封牧场,仅仅是派人监视大西路营业所和安和寺路(今新华路)生产科。②

---

① 《生生牧场经理沈九成 职工检举八大罪状 警局已将其子沈万灵拘押》,《文汇报》1946年1月19日,第3版。
② 《上海市警察局查封汉奸沈九成生生牧场案》,上档,Q131-5-236。沈九成改名为"周静安",住在杭州。见沈万灵《我的坦白书》1950年9月,《生生牧场来往信件》,上档,Q89-1-16。

由于沈九成多日不出现,外界亦开始传闻其畏罪潜逃,沈家对此缄口沉默,有记者问起,则只回答去重庆,至于具体行踪却一概不答。①此事虽不及李泽案②那样轰动,却也引起了社会的关注,《申报》《文汇报》等多家媒体跟踪报道案件处理过程。

沈万灵被捕后,二弟沈新来曾设法求保,家人也四处为其活动。由于沈九成在上海商界也小有名气。在沈万灵被捕后,传闻有敌伪产业处理局某要员李姓人氏为其从中斡旋。外界小报亦谣传沈家幼女沈娇媛为了父兄入狱之事,不惜牺牲色相,嫁与此人为妻。③沈万灵被警察局两度拘押,却又被保释回家。④此消息传出后,不少人质疑交保行为是否另有隐情。因此案从检举到受审已达一月之久,自然让检举之人颇为不满。⑤职工方面闻言,曾联名将经过情形上呈监察院巡查团,寻求公平处理。⑥

沈案于1946年1月22日由高院初审,法院传讯了检举人派警员至生生牧场办公处,在账册中发现"赠饮"一栏中有许多日伪军户名,因此认定沈氏有资敌行为,将沈万灵再度扣押。当沈万灵之妻再次向法院申请保释时,这次高等法院以沈万灵"犯罪嫌疑极大",且沈万灵之父,原被告沈九成在逃,恐沈万灵保释后"难免无逃亡之虞",拒绝了保释的申请。⑦职工代表又再次向监察使署控诉,并向高院提起公诉。高等法院遂再次于2月19日和3月22

---

① 《沈万灵"万灵" 生生牧场昨启封》,《大公报》1946年1月21日,第3版。
② 关于"李泽案"可参阅王春英:《战后"经济汉奸"审判:以上海新新公司李泽案为例》,《历史研究》2008年第2期,第132—145、145、191—192页。
③ 《沈九成巧施美人计 圣约翰校花权作礼物》,《秋海棠》第1卷第1期,1946年6月9日,第1页。
④ 《李泽案提起公诉日内将开审汉奸沈万灵也可交保》,《文汇报》1946年1月20日,第3版;《沈万灵已被高院扣押》,《中央日报》1946年1月23日,第3版。
⑤ 《违法的是谁》,《文汇报》1946年1月21日,第4版。《速办惩奸案》,《文汇报》1946年1月31日,第4版。
⑥ 《沈万灵准交保》,《中央日报》1946年1月21日,第3版。
⑦ 《声请书一》,1946年2月20日,《生生牧场申诉书》,上档,Q89-1-9。

日再次开庭审理此案。①

从审案伊始,沈万灵就坚称自己无罪,认为此事乃职工因工潮问题而诬告于他。在 2 月 19 日的审理中,沈万灵为自己和父亲辩解,声称任用日本人做经理,乃是为了掩护公司财产。生生牧场因曾在抗战初期捐助国军牛奶 1.7 万磅,导致其父于 1940 年被日伪特务绑票。而他自己曾秘密参加三青团,也因此被日方所怀疑,故不得不利用日方。至于牛奶资敌一事,更是摄于日军武力威逼。因检举和被告双方各执一词,庭长决定改期再讯。②

1946 年 3 月 22 日,此案续审。庭长刘毓桂出示了由农林部上海实验农场搜集的沈氏与日人交往甚密的相关证据,被沈否认。刘庭长再传讯该场职工张道德等出庭,张等指控沈万灵及其三弟沈实益曾勾结日军将职工数人押至二三二二部队严刑拷打,沈辩解,其弟虽曾留学日本学兽医,但却没有做过翻译;而压迫职工之事,纯属职工要挟解散费十万元被其拒绝,职工不满而怠工滋事,以致事态扩大才引起日本宪兵队干预,与己无关。之后,又有职工出庭作证,指认生生牧场有日兵保护,并能领到日本大使馆配给物资,显然是"中日合资"产业。庭长遂决议在 3 月 29 日再审。③

此案于 3 月 29 日再次公开审讯时,不但涉案的沈家亲友和生生牧场职工到场出席,连可的牛奶公司、上海牛奶厂和新生牛奶厂职工亦出席旁听。生生牧场职工们更是拿着标语,印发《告同胞书》,呼吁各界主持正义。④庭上,律师为沈家其辩护,认为商人与

---

① 《生生牧场资敌有据 沈万灵再度被拘押》,《文汇报》1946 年 1 月 23 日,第 3 版。《重申李泽案 汉奸沈万灵案定期开审》,《文汇报》1946 年 2 月 18 日,第 3 版。
② 《沈万灵被控附逆》,《申报》1946 年 2 月 20 日,第 4 版。
③ 《沈万灵资敌案 昨续开庭调查证据》,《文汇报》1946 年 3 月 23 日,第 3 版。《生生牧场主人被控案昨续审》,《申报》1946 年 3 月 23 日,第 3 版。
④ 盛阿弟等职工在初审前也为此召开记者招待会,"报告沈案详情及检举经过"。《生生牧场检举案》,《文汇报》1946 年 1 月 21 日,第 3 版;《沈万灵妄想金钱万能》,《正言报》1946 年 3 月 31 日,第 3 版。

敌伪往来是为了做生意的需要,应付而已。沈万灵则声称此事农林部张彬忱接收牧场不成,唆使工人诬告自己。①高等法院最终在4月5日仍以生生牧场"牛奶资敌""通谋敌国,反抗本国罪",依据《惩治汉奸条例》第二条第一项第四款及第五款等将沈万灵"汉奸"之名落实,判处有期徒刑三年,褫夺公权三年,并没收全部财产。据悉,出庭后,检举人盛阿弟问记者,"财产如何处置",当记者回答"没收"后,职工们"均拍手称快"。②

高院判刑后,一方面沈家对此结果自然不服,四处张罗材料,曾于1946年4月27日向高院申请重判,③甚至拟文准备上呈蒋介石申诉。④同时,沈万灵多次写信控诉农林部京沪区办事处技正张彬忱贪污渎职,觊觎自家牧场,唆使工人诬告和构陷汉奸罪名。⑤

另一方面,检举职工也不满法院对沈万灵的判罚,他们便向监察使声诉,希望重审此案,其实是希望能给予沈氏更为严厉的惩罚。⑥

最终,高院在重新侦查检举人各项控告之后,认为"原审之审讯,及量刑亦无不合",遂维持原判。⑦

---

① 《沈万灵与敌合作》,《申报》1946年3月31日,第3版。《一批定期宣判者》,《文汇报》1946年3月31日,第3版。张彬忱为农林部京沪特派员办事处技正,后被告发贪污,案发时任农林部上海实验经济农场场长。而此牧场就是生生牧场的前身。

② 《"地下工作者"何其多 汪行健昨日受审 沈万灵判处徒刑三年》,《文汇报》1946年4月6日,第3版。《沈万灵判三年》,《申报》1946年4月6日,第3版。

③ 《"维新政府"首脑梁逆鸿志今审讯生生牧场经理高院发回更审》,《文汇报》1946年6月5日;《沈万灵诉状》1946年5月7日,《生生牧场申诉书》,上档,Q89-1-9。

④ 《沈李氏率长新来、万灵、实业等泣血跪呈主席蒋》,《生生牧场来往函件》,上档,Q89-1-7。

⑤ 《呈为告发张彬忱假公济私贪污渎职一案请求迅予查办由》1946年5月18日,《生生牧场申诉书》,上档,Q89-1-9。

⑥ 《沈万灵案》,《申报》1946年6月7日,第4版。

⑦ 《沈万灵并未发回更审》,《文汇报》1946年6月30日,第3版。《生生牧场资敌案高院核准原判》,《文汇报》1946年10月30日,第3版;《最高法院特种刑事判决三十五年度特覆字第六〇五号》1946年10月8日,《生生牧场申诉书》,上档,Q89-1-9。

三、沈之辩解

与当时轰动上海滩的李泽案相比,沈家父子"附逆"案并没有牵扯到太多的利益集团,虽然可能因其在战后作为军统的基层情报单位,被"利用"于收集畜牧市场活动而受到了军统的保护。但是在案件审理过程中,并没有直接证据表明有军统的介入。①

沈万灵获刑的依据②主要有:

第一,聘用日本人为经理,"敌商合作"。对此,沈家曾多次强调沈九成在沦陷期曾被绑架以证明自己与日军的关系更多是"被迫"的。③沈万灵曾在辩词中解释自家与日军的交往实属无奈之举。在沈家向高院申请上诉的诉状中,针对判决中控诉自家牧场聘请日本人为经理,加入日属牧场之事,沈氏称,丰岛梅野是知道生生牧场被日军觊觎才"主动"要求为其掩护,实际上,丰岛这种做法是"要挟图利",虽然她的身份是作为经理,却没有聘书,仅是雇员性质,每月领取数千元工资。此外,生生牧场并无日股,也没有加入南州牧场。④还指出检举人关于此项指控"不能指明数目又不能在账册上提出""只凭空言,诬指被告另有秘密账册,但又不能提出证明"。⑤根据当时小报消息,沈家聘请的丰岛梅野长得非常美艳,暗指其与沈九成有染。不过,根据其他描述,丰岛只是作为名义上的厂长,负责打点与日军军部的联络,并不负责

---

① 邓葆光:《上海东方经济所的经济情报与市场信息》,上海市政协文史资料委员会编《上海文史资料存稿汇编·经济金融》,上海古籍出版社2001年版,第347页。至于军统是否因此对其进行了"政治保护",因笔者没有找到相关资料,故不能以此断言。

② 《沈万灵申请复判诉状》1946年5月7日,《生生牧场申诉书》,上档,Q89-1-9。

③ 据沈家称沈九成被绑乃是沦陷时期七十六号特务机构吴世保所为,沈九成被绑去四十九天后才放回。此事是否属实,仍待进一步研究。但沈九成的确在1940年8月24日被绑——《沪西歹土为绑匪巢穴 沈九成昨日被绑》,《中央日报》1940年8月25日,第3版;《生生牧场沈九成昨被绑》,《申报》1940年8月25日,第9版。

④ 《刑事辩诉状一》1946年,《生生牧场申诉书》,上档,Q89-1-9。

⑤ 《沈万灵诉状》1946年3月27日,《生生牧场申诉书》,上海市档案馆,Q89-1-9。

厂务管理。①初审时,生生牧场会计张兴泉在指控中说道,丰岛梅野和南州牧场经理宫川源吾离婚后,将所分奶牛运至生生牧场。②从上述看来,丰岛的行为更像生意往来。

然而,检察官刘延洪则认为生生牧场曾改名为"上海农业公司经理生生牧场",丰岛梅野也以生生牧场经理自居,曾于1942年为生生牧场与王爱德土地纠纷向江苏省上海地方法院呈文说明其职权。况且生生牧场虽然解释了丰岛梅野出任经理的原因,但却无法否认其作为经理的事实。③

第二,赠饮日本宪兵队和平野队长牛奶180余磅,此乃"勾结敌国军宪"。沈万灵对此辩解道,"赠饮"并非自愿,而是驻沪西之日军士兵威胁索取的,自己出于账目管理的平衡,才记入"赠饮"一项。④检察官则认为,根据账簿和发奶单显示,赠饮并非一人,持续时间较长,可视为是一种"自愿"。

第三,于1945年将牛奶6 950磅卖于日资上海乳业株式会社,又将1 000磅牛奶卖给北海道兴农公社,此系"有供给敌国军民饮用可充食量之物品"。⑤

沈又解释,供给北海道兴农公社的牛奶是作为冰激凌的原料,不能直接饮用。上海乳业株式会社乃是领有工部局卫生处颁发的A字执照的牧场,战前即在全市范围内经营乳制品业务。而战时与上海乳业株式会社的往来不过是同业间互相拆奶的商业行为,上海的牛奶场和牧场在缺乏奶源,牛奶产量短缺的情况下,会向同业拆奶以应付客户,此为行业惯例。况且不仅生生牧场一家如此,

---

① 巴公:《畏罪潜逃之沈九成:一段国际艳史》,《海光》第22期,1946年5月1日,第10页。
② 《生生牧场经理沈万灵受初审》,《中央日报》1946年2月20日,第3版。
③⑤ 《上海高等法院刑事判决三十五年度特字第四六号》1946年4月5日,《生生牧场申诉书》,上档,Q89-1-9。
④ 《沈万灵诉状》1946年3月27日,《生生牧场申诉书》,上档,Q89-1-9。

全上海的牧场几乎都存在这种情况。①

检察官对此仅指出,生生牧场若不是加入日方机构,否则在沦陷时期严格的统制体制中,是不可能获得牧场所需的大量粮米饲料。证人关一利也曾承认日本大使馆方面认为生生牧场是"是日方办的或中日办的",才能得到配给。②

第四,至于沈万灵曾举证自己加入三民主义青年团,检察官称"不能直接证明被告对于抗战有何直接协助",且该证据发出日期为1946年1月3日,此时沈万灵已被检举,故此证据可信度有限。证据中的长江下游挺进军总司令李明扬的信函,也没有标明具体日期,因此,对于献款助抗战之事并没有实际证明。③

沈万灵在申请重审时,曾强调"营业税中将牛奶列入奢侈品,非常时期违反粮食管理治理条例也并未将牛奶列入粮食范畴,因此牛奶不算是食粮"。④高院认为此乃沈氏强辩,牛奶"当然为可充粮食之物品",营业税的目的是为了充裕税收,《非常时期违反粮食管理治理条例》是为了防止囤积,两者于牛奶可充粮食不能相提比伦。此案乃以《惩治汉奸条例》为原则。⑤

针对检察官的控词和高院的判决,沈万灵也做了相应回应。对于丰岛梅野的作用,他一再强调是雇佣关系,而非"合作",况且丰岛梅野与宫川源吾离婚后,与南州牧场已经没有关系了。改名为"上海农业公司经理生生牧场",也是因为日军对牛奶业实行强制登记和改组。对于上海乳业株式会社则强调其商业背景,指出销售对象为全市市民,并非只有日本军民。沈万灵还纠正了控词

---

① 《沈万灵诉状》1946年3月27日,《生生牧场申诉书》,上档,Q89-1-9。
②③ 《上海高等法院刑事判决三十五年度特字第四六号》1946年4月5日,《生生牧场申诉书》,上档,Q89-1-9。
④ 《沈万灵诉状》1946年5月7日,《生生牧场申诉书》,上档,Q89-1-9。
⑤ 《最高法院特种刑事判决三十五年度特覆字第六○五号》1946年10月8日,《生生牧场申诉书》,上档,Q89-1-9。

中出现的"平野队长"的称谓,即平野修,乃是汪伪上海市政府职员,专管廉价牛乳配给小孩及病人及牛食补偿配给,并非日军军官。沈万灵又特别强调,自己在抗战时所赠饮国军牛奶一月之数量千倍于八年中被日军强索的数量,足见自己的爱国之心。而过去英军也有索饮牛奶之后不肯付账的记录,账目中也是记在"赠饮"之下。①

然而,这些解释,法院都没有理睬。据史料记载,法官在审讯时,甚至问:"敌军来牧场强索牛乳为什么不去报告警察呢?",使得沈家大感法院判决不公。②

四、沈案余波

本来事情发展至此,这起审奸案已然落幕。不过对于生生牧场的接受和处理仍然产生了一些"波折"。

依据《惩治汉奸条例》第八条第一项第九条规定,汉奸财产应该予以没收。③生生牧场最初由敌伪产业处理局会同农林部接受,并交给农林部管理。在沈万灵被捕后,农林部和敌伪产业处理局有关人员考虑到不使该场生产事业因查封而致停顿,所以只是不允许牧场内物资移动,在派出工作人员驻场监察生产事宜的同时,又嘱咐附近的岗警严密监视生生牧场的动态。④

之后,沈万灵虽然被扣押,但是敌伪产业处理局却允许其

---

① 《三五年度特字第四六号刑字辩诉状刑字辩诉状》1946年,《生生牧场申诉书》,上档,Q89-1-9。
② 《为申请人等所有之私产生生牧场被国民党农林部之贪污官吏张彬忱觊觎而遭霸占请求申雪查明发还以便自营事由》1949年12月13日,《生生牧场申诉书》,上档,Q89-1-9。
③ 中国第二历史档案馆编:《中华民国史档案资料汇编》第5辑第3编《政治(一)》,江苏古籍出版社1999年版,第338—340页。
④ 《准农林部京沪特派员办公处函转饬岗警随时注意生生牧场大西路营业所及安和寺路生产科以防物资移动一案》1946年12月23日,《上海市警察局行政处关于为查封汉奸沈九成财产案》,上档,Q131-4-797。

"觅保另行管理",在法院未判决前,由处理局派员监督,不准移动及变更物资。沈万灵被保释后,还随同处理局人员一起赴场对职工训话。①加上前文所述之沈家幼女的谣言,沪上一时风传生生牧场已经启封发还沈家,时年26岁的沈万灵也被传闻称为"万灵"。②

沈万灵被判刑后,生生牧场按照法院判决,应立刻予以没收。但在高院判刑后的一个月,职工代表等又致函《文汇报》,公开质询政府当局为何至今不来接收牧场,敌产处理局曾回答说:"沈万灵家属,不满法院所判,在请求复判期内,仍让恢复原状,暂缓接收。"职工方面对此表示不能理解,他们认为,自己"冒着阴霾和波折",检举揭发汉奸,是履行了一个国民起码的义务。③其实他们更担心的是,生生牧场又重新回到沈家的手中,沈家会对他们实行报复。

职工方面曾经呈文至农林部,请求其接收生生牧场。可农林部回答,敌伪产业处理局未曾将牧场转交其接管,况且沈氏正在上诉期间,故"允许维持原状"。职工们反映沈氏家属因妒恨职工检举揭发沈万灵父子,蓄意破坏牧场经营,如故意将劣等的棉籽饼替换上等的豆饼酒糟,使乳牛没有营养而无法产奶,导致牛奶产量减少;还以不足开销为由出售牛只,使得牧场经营岌岌可危。④

沈家上诉被驳回后,敌产处理局只派人调查了相关财务状况,仍将生生牧场托给沈家人管理。职工代表再次致函《文汇报》,呼吁处理局尽早正式接受。不久,农林部上海实验经济农场就致函

---

① 《沈万灵"万灵" 生生牧场昨启封》,《大公报》1946年1月21日,第3版。
② 《沈万灵"万灵" 生生牧场昨启封》,《大公报》1946年1月21日,第3版;沈四白:《生生牧场:"灵""不灵"》,《海晶》1946年2月21日,第7版。
③ 《敌产何不接受 生牧职工表示怀疑》,《文汇报》1946年5月17日,第5版。
④ 《汉奸既经法院判决伪产何故不予接受生生牧场职工呼吁注意场方家属正在毁坏产业》,《文汇报》1946年8月15日,第6版。

《文汇报》,表示根据敌伪产业处理办法第三条第十一项,①自己对敌伪农牧场有接受运用的权力,故生生牧场在沈万灵受审期间,实由农林部接管。但是,在高院判决前,农林部只有监督权,仍需依照处理局意思行事。至于职工反映管理者舞弊等事曾转告处理局寻求意见,奈何处理局一直未有明确答复,甚至最近听闻处理局要把生生牧场从农林部手中"收回"。②

虽然生生牧场被没收充公,沈家却一直没有放弃争取重新收回其所有权。由于生生牧场的产权在1942年就被沈九成分成十股,授予自己的儿女。故沈家认为,作为共同产业的生生牧场应该除去沈万灵的股份后发还沈家其他人,他们向敌伪产业处理局申请无果后,转而向上海市地方法院提请撤销查封。③但上海高等法院驳回了他们的请求,并要求敌伪产业处理局执行没收。④

生生牧场作为"敌产",最后仍由农林部改为实验经济农场,并与中央信托局共管。⑤

第三节 救济品与战后乳品市场

一、救济品来华

奶制品在战时就已被广泛用于慰劳军队及救济儿童。在1943年,国民政府粮食部就曾经在《粮食部关于中美合作意见》中请求美国能够"每月供给乳粉十万磅至三十万磅,以供后方需

---

① 即行政院1946年颁布施行的《收复区敌伪产业处理办法》,参见《上海市政府公报》1946年第8期,第189—190页。
② 《逆产要待何时接受?左思右想令人不解!生生牧场职工来函敬问敌伪产业处理局》,《文汇报》1947年1月27日。
③ 《沈李桂珠等呈请求发还生生牧场应得产业》1948年3月12日,《生生牧场申诉书》,上档,Q89-1-9。《为声明产权请求确认将生生牧场产业除沈万灵部分法应没收者外准予发还撤销监管以维生计而保权益事》,《生生牧场往来函件》,上档,Q89-1-7。
④ 《上海高等法院检察处通知》1948年12月,《生生牧场申诉书》,上档,Q89-1-9。
⑤ 1949年后由上海市军管会接管,改为国营上海农场。

要",且希望"战后关于乳肉类等食品,仍须由美国大量输入"。①

1946年,联合国善后救济总署(简称"联总",英文全称为United Nations Relief and Rehabilitation Administration,缩写为UNRRA)在中国成立分署,开始向中国发放救济物资,提供各种援助项目。1945年1月,国民政府成立了行政院善后救济总署(简称"行总",英文缩写为CNRRA),代表政府作为对应机构,负责接受和分配相应的救济物资。1946年5月,联总和行总从重庆迁至上海。

乳制品作为改善中国民众营养的救济品被列入援华物资,主要包括乳牛和奶粉两大类,乳牛属于农业善后项目。根据1948年《联总运华牲畜暨配发数量表》统计,1946年5月到1947年5月,共接收奶牛3 262头,其中2 083头来自美国,793头来自加拿大,387头来自新西兰。②这些奶牛在抵达津沪饲养站后,其中671头以市价售出,赠送甘肃省8头,赠送上海农业专科学校2头,死亡33头,淘汰18头。其余2 631头乳牛则交农林部免费发放给各省市农业学校和各机关,作为繁殖和改良中国奶牛品种。③不过,这仍未达到当时牲畜进口计划的目标。

援华奶牛所产之牛奶,则供各地医院及孤儿院及营养不良的儿童等使用。④津沪饲养站的乳牛每日产乳1 000多磅,大多由行总上海分署儿童福利股作为救济用,其余则交给上海农林实验农

---

① 《粮食部关于中美经济合作之意见》,1943年11月7日,中国第二历史档案馆《中华民国史档案资料汇编》第5辑第2编:《外交》,江苏古籍出版社1997年版,第391—392页。

② 王德春:《联合国善后救济总署与中国1945—1949》,北京人民出版社2004年版,第124页。

③ 行政院善后救济总署编纂委员会:《行政院善后救总署业务总报告》,上海六联印刷公司出版社1948年版,第145—146页。此处统计时,乳牛只包括牝牛(母牛)和公牛,未将小牛计算入内。

④ 《国内善救要闻:联总由美运华乳牛,分配冀热东北各地》,《福建善救月刊》1947第4期,第30页。

场加工后在市场上出售。①除了公开拍卖的奶牛外,免费发放和分配的奶牛一般是不能出售的。

至于奶粉,以克宁(KLIM)奶粉为主的奶粉和炼奶在第二次世界大战期间作为美军军方配给品,战后,发放对象为各大中小学及医院和各省事慈善团体及各机关。1945 年行总报告中称,有 50 万吨奶粉从美国运往上海,并作为救济物资,随后发往 12 个省份的卫生机构。②行总上海分署自 1946 年 2 月开始,向上海地区的 2 岁以下婴幼儿免费发放 2.4 万磅奶粉,到 2 月 16 日,"配给婴孩 946 人,发出奶粉 1 896 磅"。③3 月,行总上海分署副署长为了加强免费救济,将考虑用美军剩余物资中的 1 万吨奶粉分配给本地市民。④4 月,联总物资进口统计中,奶制品为 3 650 447 千克,值 3 383 750 元。⑤5 月,行总上海分署为全市教职员工每人配发面粉一袋,脱脂奶粉两磅;学生每人配发奶粉两磅。⑥到了 7 月底,行总上海分署已发放奶粉 7.3 万余听。⑦

红十字会、国际儿童急救会等慈善团体配合行总在各地所开设营养站和食堂,向本地市民发放奶粉,以改善民众身体健康。"站内所需的牛奶、奶粉、代汤粉、鱼肝油、面包等营养品的来源,概由行总所在地各分署负责供给,经费则由所在地分署及承办分

---

① 《首批乳牛运往各埠》,《行总农渔》1947 年第 4 期。
② 《政院善救署报告 救济物资支配情形》《申报》1945 年 12 月 27 日,第 5 版。
③ 《二岁以下婴孩免费配给奶粉 首期二万四千磅》,《申报》1946 年 1 月 16 日,第 5 版。《免费配给奶粉》,《申报》1946 年 2 月 22 日,第 3 版。《分署动态:上海分署免费济助各学校员生面粉奶粉并以物资补助学生经济食堂》,《行总周报》1946 年第 15 期,第 11 页。
④ 《直接消费者受惠不多 投机套购者大有人在》,《申报》1946 年 3 月 31 日,第 3 版。
⑤ 《民族经济的危机(二)》,《文汇报》1946 年 6 月 30 日,第 5 版。
⑥ 《免费面粉奶粉 分发教职员工》,《申报》1946 年 5 月 17 日,第 5 版。《免费发给面粉奶粉 兼任教师限领一校》,《申报》1946 年 5 月 19 日,第 5 版。
⑦ 《沪分署长报告 最近工作情况》,《申报》1946 年 9 月 6 日,第 2 版。

会各负其半。"①针对儿童提供饮奶和发奶。②如红十字会在上海市新闸路设儿童营养站,凡14岁以下儿童均可申请每日上下午两次的热牛奶。③此后各地的饮奶站也纷纷设立,为"各中小学学生及一般待哺之贫民,年龄老者以六十岁以上,幼童以十二岁以下",有些是直接发放奶粉半磅到一磅,有些则是"免费供饮用热水冲合牛奶二碗"。④1948年,联合国儿童基金会为中国儿童免费提供奶粉32万磅,优先救济街头弃儿、难民收容所内儿童、孕妇与乳母以及贫民。⑤至8月,实际运华的奶粉已达到78万余磅,专供一岁以下婴儿食用。⑥

二、"变味"的救济品

尽管联总的奶牛运华计划和救济品奶粉旨在改善中国乳业,并帮助婴幼儿及难民恢复健康,增加营养。但无论是联总运华的奶牛还是作为救济物资的奶粉,分配过程中都发生了很多问题。联总的奶牛在具体分配时各省市数量不均,江苏省分配到最多,有857头,解放区次之,403头,河北省再次之,317头,最少者,如山西省和察哈尔仅得19头。⑦运华奶牛这项计划本身,也不受国内

---

① 中国红十字会总会编:《中国红十字会历史资料选编》,南京大学出版社1993年版,第377页。
② 有关红十字会儿童营养站的论述可参见吕志茹《"复员"时期中国红十字会的社会服务》(选自池子华、郝如一主编:《红十字运动与慈善文化》,广西师范大学出版社2010年版,第241—244页)。
③ 《贫苦儿童少营养 免费供应热牛奶》,《申报》1946年8月31日。
④ 《安庆设牛奶站》,《申报》1946年10月2日,第3版。《吴兴当涂 施饮牛奶》,《申报》1946年10月28日。徐宏广,《特写:建宁发放牛乳散记》,《福建善救月刊》1947年第2期,第30—31页。
⑤ 《救济我国儿童 奶粉自美运华》,《申报》1948年5月9日,第2版。《奶粉三十二万磅运到 五十万婴儿将获得救济》,《申报》1948年5月28日,第4版。
⑥ 《国际儿童急救金 我获七百万美元》,《申报》1948年8月13日,第2版。《国际儿童急救基金 驻华代表报告工作》,《新民报》1948年10月21日,第4版。
⑦ 《联总运华牲畜无价发放及评价出售各省数量表》,行政院善后救济总署编纂委员会《行政院善后救总署业务总报告》,上海六联印刷公司出版社1948年版,第147页。

业界欢迎,1946年联总预计运送大批奶牛来华,本来计划输入一万头奶牛,这引起上海乳业界的"恐慌",考虑到如此规模的奶牛输入以后,食宿方面很难应付,所以行总和联总商联后,改为其运送其他粮食来华援助,并将一万头奶牛减少到800头。①

奶粉和炼奶等罐头食品,采取重点发放的方式,而不能达到普遍救济的目的。湖南在配给行总的救济奶粉时,就只将奶粉配给省市交通线附近各市县,而不能达到覆盖整个受灾区域。②如果再遇到天气炎热,保存不当,则会使罐头出现变质等情况,有些市民拿到手后发现有霉变、结块等问题。善后救济署上海分署就因霉变的奶粉遭到上海市参议会参议员的质询。③行总不得不登报称所有发霉奶粉将售出作为饲料和肥料。④杭州地区所配给的罐头牛奶因滞留在上海码头两个月之久,也发现有霉坏的情况。⑤有的市民还发现,领到手的奶粉是过期的。⑥行总分配给医院用的炼奶也有整箱霉坏之事。⑦不过,有些所谓的品质问题,可能是由于奶粉品种和冲饮方法导致的色泽异样。如行总曾特地分发《去脂奶粉说明》,指出脱脂奶粉不能按照普通奶粉的方法冲调。⑧

---

① 最后实际抵沪的乳牛为697头。《美国牛 暂不来华》,《新民报》1946年9月30日,第4版。《联总助我牛 一万减为八百》,《文汇报》1946年9月30日,第3版。《生意眼》,《新民报》1947年1月28日,第3版。
② 《配发各市县牛奶罐头二百万听》,《善救月刊》1946年第16期,第7页。
③ 《上海市第一届参议会第一次大会会刊》,1946年10月,张研、孙燕京主编《民国史料丛刊》第165册,大象出版社2009年版,第233页。
④ 《奶粉喂猪 购者具结》,《新民报》1947年2月26日,第4版。
⑤ 《牛奶已臭 面粉将霉》,《文汇报》1946年9月2日,第5版。
⑥ 《购罐头食物者注意》,《申报》1947年3月11日,第7版。孙筹成《告迷信洋货者》,《文汇报》1946年12月24日,第8版。
⑦ 《行总奶粉无多》,《文汇报》1946年6月17日,第3版。
⑧ 《救济分署复函 解释奶粉品质》,《申报》1946年7月14日,第8版。《脱脂奶粉注意用法》,《申报》1946年7月16日,第4版。《分署动态:上海分署指示市民饮用脱脂奶粉方法》,《行总周报》1946年第17期,第6页。《配给奶粉》,《申报》1946年7月14日,第10版。

再者各地时有曝光保管不力、贪污和冒领等事,甚至有"偷梁换柱"的事情。广东分署曾失窃了七箱奶粉,救济署署长因此被指为管理不严。①汉口则发生救济署职员偷售一百多箱救济牛奶。②江西教育厅和江西省省立医院发现,行总江西分署发给的罐头牛奶内,有砖头数块。③上海基督教青年普益社也发生捐助牛奶失窃案,引起时任上海市长的吴国桢亲下手谕,令警察局限期破案。④

　　奶粉的主要配给对象为学生和公教人员,将广大的劳动人口排除在外。⑤即使领取了救济物资,也存在物资分配不均的问题。南市某学校学生就向《申报》反映,老师们认为他们已经大了,不用再吃奶粉,没有将领到的奶粉分给学生,造成学生不满。⑥上海政法学院在分发救济署奶粉时,有同学只得到 19 两,离规定的每人两磅差距甚远。⑦行总在某地分配奶粉时,每人只领得一汤匙,遭到民众讥讽。⑧据闻,行总本署员工每周都可分配到一听 5 磅的克宁奶粉。有些员工自己没有小孩,就借用亲戚朋友的小孩来冒充。但也有联总的华籍职员向报纸反映,救济署内较低级别的职员,尤其是中国籍职员通常都得不到配给品。⑨1947 年,教育局应行总请求,令各校呈报领取配给奶粉和面粉的中小学生和教职工的签

---

① 《粤省参议员质询救分署》,《申报》1946 年 4 月 11 日,第 5 版。
② 《汉口营养站职员　偷售救济牛奶被扣》,《申报》1947 年 4 月 21 日,第 2 版。
③ 《江西救济物资　箱中发现砖块》,《新民报》1946 年 9 月 11 日,第 3 版。
④ 《青年普益社窃案》,《申报》1948 年 11 月 15 日,第 4 版。
⑤ 《领取奶粉　屁股上盖章》,《香海画报》1946 年第 5 期,第 58 页。
⑥ 《读者意见》,《申报》1946 年 7 月 4 日,第 8 版。
⑦ 《欢迎王宠惠院长　法学院将献论文》,《新民报》1946 年 6 月 18 日,第 4 版。
⑧ 《每人配给奶粉一汤匙!行政院善后救济总署的德政》,《大观园周报》1946 年第 13 期。
⑨ 彭古丁:《"救济总署"实乃救"己"总署》,上海市文史研究馆编《沪滨掠影》,中华书局 2005 年版,第 164 页。林珊:《奶粉》,《文汇报》1946 年 5 月 24 日,第 6 版。《不幸生为中国人!》,《文汇报》1946 年 9 月 9 日,第 6 版。

名簿,以便核实是否平均分发救济物资。①还有不少市民反映领奶粉的过程也有点颇不愉快,由于是免费发放且指定地点,所以免不了顶着烈日酷暑大排长龙,有些人难以忍受长时间的排队,不得不放弃。此外,手续上的繁琐也导致不少市民视之为政府的"刁难"。②

除了发放过程中出现的各种问题,奶粉这种救援物资本身也并非很受欢迎。有难民认为不如直接发给大饼油条实惠。③由于操作不当或者不会食用,奶粉常引起肠胃疾病。如有人嫌奶粉调制起来太麻烦,直接塞入嘴里,"如吃酥糖一般",不久就被医生诊断因奶粉积于胃内而致胃胀。④有些乡人拿那奶粉和辣椒葱姜煎着吃,导致"热毒攻心",流鼻血,于是大骂"洋鬼子"黑心。⑤况且,不少国人吃奶粉往往会引起腹泻等症状。在乳糖不耐受这个症状还未被医学界广泛关注之前,⑥大多数民众对于吃奶制品引发的不良反应,除了操作方式不当,多归咎质量问题。因此,报刊舆论中经常会看到有人因此质疑救济署的用心,如行总的配给奶粉发霉一事,不得不迫于舆论压力,将其作为饲料。⑦有的市民还担心,一旦吃惯了救济奶粉之后,以后不再有救济品时,就只能吃"囤积品"了。⑧

三、鲜奶市场的压力

1946年12月,上海市卫生局报告称,全市有乳牛场61家,其

---

① 《学校领救济品　总署查签名簿》,《新民报》1947年1月31日,第4版。
② 《为了几磅奶粉　快要拼掉人命》,《文汇报》1946年7月8日,第6版。
③ 《牛乳和饼干　福薄难消受》,《申报》1946年12月12日,第12版。
④ 孙筹成,《告迷信洋货者》,《文汇报》1946年12月24日,第8版。
⑤ 《劫后余生的广西》,《文汇报》1946年12月20日,第7版。
⑥ 可参考《剑桥食物史》,http://www.cambridge.org/us/books/kiple/lactose.htm,2012年11月28日16:46检索。
⑦ 《奶粉和面粉的迷》,《申报》1946年7月9日,第9版。《猪吃奶粉》,《新上海》1947年第59期,第7页。
⑧ 陈中绳《从救济品说起》,《申报》1946年7月8日,第10版。

中A.T.T级3家,A级17家,B级3家,C级38家,共有牛只2514头,每日总产量为37 427磅。战争改变了牛群的地域分布,在抗战前,大多数中国牧场位于闸北和沪南。抗战胜利后,三分之一的华商牧场搬到了浦东,其余则聚集在沪西、法华和漕泾,这些乳牛场规模较小,养牛不足20头者,占47.7%。①除了当时日趋严重的通货膨胀外,各牧场普遍感受到来自奶粉和炼奶的竞争,以及救济总署配给奶粉的影响。即使有些牧场附设面包房,利用自产牛奶制造饼干面包,或者开设咖啡室,将牛奶供给咖啡室使用,还是很难维持营业。②

在本地乳品市场感到生存压力之时,救济奶粉带来更为严重的后果。由于联总为中国购买了大量的美军剩余物资,其中奶粉以克宁为主。同时,滞留在中国的美军也将剩余军需品在市场抛售。克宁奶粉作为进口货受到追捧,价格受到市场和外汇影响,在战后初期,不少商家开始纷纷大批购进囤积,然后再高价售出。有些商家则在上海购买后,运入内地高价贩卖,获利颇丰。③最高价曾达到3.5万元。④

抗战胜利后,进口奶粉在上海市场上已随处可见,不仅百货公司有售,马路摊贩也开始出售奶粉,甚至在中央商场一带形成了"黑市"。⑤到了1946年下半年,美货大量来华,克宁奶粉最多一次达到300吨,一罐奶粉5 400元(法币)即可买到。⑥批发价也变成1 900元左右。5磅装的金山奶粉价格和本地产的藕粉差不多。⑦

---

① 徐天锡:《上海市农业概况》,上海园艺事业改进协会,1947年,第19—20页。
② 郝履端,严炎:《上海市乳牛场调查》,《农业通讯》1947年第5期,第45页。
③ 《新闻天地》,《一四七画报》1946年第4卷第6期,第1—2版。
④ 《克宁奶粉跌价定货到埠囤货出笼》,《申报》1946年10月18日,第7版。
⑤ 王岑:《侵蚀国家经济的黑市场》,《文汇报》1946年6月12日,第5版。
⑥ 《克宁奶粉到三百吨》,《文汇报》1946年7月10日,第5版。《剩余物资徐徐运来 个中道理简单 何必焦虑》,《申报》1946年12月6日,第12版。
⑦ 《配给救济 如此这般》,《申报》1946年12月11日,第12版。

1947年,随着输管会对物价的控制,以及物价向黄金看齐,克宁奶粉随之暴涨,涨幅达四成,比美钞上涨速度还快。①即使在西药市场疲软的时候,克宁奶粉因结汇问题,依然能保持畅销,从3 000元一磅涨至2.5万元一磅。②由于上海吃奶粉的人众多,使得乞丐讨饭用的饭碗也演变成奶粉空罐。③上海的马路小摊贩一度将克宁奶粉代替豆浆来卖。④

战后上海市政府给公教人员配给救济奶粉,不少本地订饮牛奶者纷纷改吃奶粉,本地牛奶棚所产之鲜奶陷入滞销,不少牛奶场的生意一蹶不振,如生生牛奶棚为应付开支,不得不卖掉大小牛十一头来维持营业。⑤进口奶粉还使得本地乳品制造厂无法经营。起初,救济奶粉刚被公开出售时,标价虚高,但不到一个月,价格就降至1 400元左右。上海本地罐头仅成本一项就要400元,而进口炼奶罐头一听只要500元,⑥上海奶粉厂、合众奶粉厂等纷纷宣布无法维系营业,选择停业或被迫倒闭。⑦杭州百好炼乳厂的上海经理给总厂写信,询问是否可以降价竞争,吴百亨回复说道,百好厂已陷入"赔本贴利"的境地,产品壅积达2 000多箱,无奈之下,只能放弃上海市场,将市场转向闽广一带。⑧

---

① 《输入管制 奶粉涨价》,《新民报》1946年12月30日,第4版。《百物向黄金看齐 涨!涨!涨!!!》,《新民报》1947年2月8日,第1版。《物价偷偷抬头 油米杂粮领导涨风》,《申报》1947年4月14日,第4版。《上海点滴》,《新民报》,1947年2月10日,第4版。
② 《西药皆疲 克宁奶粉独俏》,《征信新闻》1947年第349期。
③ 《上海点滴》,《新民报》1947年9月20日,第4版。
④ 《克宁奶粉代豆腐浆》,《星光》1946年第3期,第7版。
⑤ 《美国奶粉来 中国牛何之》,《文汇报》1946年8月3日,第4版。
⑥ 《罐头调味两业 诉称生产困难情形》,《文汇报》1946年12月31日,第6版。
⑦ 《渺小如一杯牛奶蕴藏着严重问题》,《申报》1946年7月15日,第4版。《一奶粉厂停业 不堪外货打击》,《申报》1946年7月16日,第4版。
⑧ 吴百亨:《经营百好炼乳厂的回忆》,温州市政协文史资料委员会编《温州文史资料》第16辑,2002年,第355页。

面对奶粉的威胁,本地同业公会召开会议,商讨应对方法。①在 1946 年 5 月 15 日的会议上,以自由牧场为代表的 30 家本地牧场,向政府代表行政院善后救济总署、农林部、上海市卫生局和中国农民银行申诉,称奶粉充斥市场,物价飞涨和成本日渐增高,使得不少牧场倒闭,而余下来的牧场有些为了维持营业,则不得不杀牛养牛。牧场主要求政府限制奶粉配发,将救济奶粉迁到内地。相比之下,当前牧场最需要的麸皮等饲料物资却得不到配发,这也使牧场代表们愤愤不平。代表们希望政府能重征奶粉及奶产品进口税;停止善后救济总署在上海地区配给奶粉,而以本地产品代替;本地牛奶棚可以将剩余牛奶交给联总配给,希望联总将运华救济物资中的麦麸折价交换;并请农业银行发放紧急农贷,以帮助他们渡过难关。②行总负责人则表示,来沪救济物资如能分配得宜,则不会影响乳业市场发展。③不过,行总并不同意将麦麸折价交换给乳业。有的牛奶棚主表示,牛奶价一个月内只涨了一倍,但饲料中的麦麸价格则涨了六倍,如此情形,无疑是在摧毁上海本地乳业。④

鉴于政府方面没有拿出实质性的应对措施,面对日益艰难的市场情形,加上听闻行总要平价抛售一批美国奶粉,同业公会考虑游行示威,想以 2 000 余头奶牛,列队游行的方式,来唤起市民注意,呼吁救济民族工业,但不知为何,并没有真正实行。⑤市府考虑到该行业还关系到市民健康营养,故提交给市政会讨论,却也拿不出办法解决。⑥

---

① 《时事纪要:上海市乳牛业救济座谈会》,《现代农民》第 9 卷第 5 期,第 12 页。
② 《记上海乳牛业救济座谈会》,《现代农民》第 9 卷第 6 期,第 12—13 页。
③ 《沪牛乳业危机严重 受尽外货压迫当局不管》,《文汇报》1946 年 5 月 16 日。
④ 李鸿礼:《一蹶不振的上海牛奶业》,《文汇报》1946 年 7 月 12 日,第 5 版。
⑤ 《乳牛游行》,《新民报》1946 年 5 月 19 日,第 2 版。
⑥ 《牛乳业呼救 市政会将讨论》,《新民报》1946 年 7 月 14 日,第 2 版。

行总的工作于1947年5月结束,所属的牛奶、奶粉配给站的工作也随之结束。1948年,输管会开始限制进口,进口奶粉逐渐减少,有些母亲在无法购买到进口奶粉的情况下不得不转向冰淇淋粉。①

小　　结

强权的压迫或者利益的诱惑令商人在战时不得不与占领军政府"合作"。而战后审判的"只问行为不问职位"的审奸标准,看似颇有原则,在执行时却遇到各种问题,尤其是如何衡量战时商人与敌伪的往来,如何对商人的"通敌"进行定义,标准的界限在哪里,这些问题都给审奸案的处理带来了不小的麻烦,甚至是判刑本身都是灵活机动的。

由于战时"统制"体制和物资紧缺,沈九成父子不可避免要与日军接触。沈万灵曾辩称,如果向敌方拆卖牛奶就算是"通谋敌国"的话,那么凡是曾经向上海乳业株式会社拆买牛奶的牧场不都有"汉奸"嫌疑了吗?进而,整个上海的商行酒馆饭店,凡是和日本人有商业往来的,也都犯有通敌罪行了。而所谓"加入敌方机构始有配给"也是同样的道理,沦陷时期,全上海市民均恃伪上海市政府配给处配给日常必需品,如果以此定罪,岂非"人人皆加入敌伪机构"。②

高院驳回上诉时曾指出"其犯罪动机起于保护财产,衡情不无可悯",故沈万灵最终被判三年徒刑也是法官对其"从轻发落"。③1946年4月1日《大公报》曾刊载首席检察官对《惩治汉奸

---

① 《上海点滴》,《新民报》1948年7月11日,第4版。《从冰淇淋说起》,《申报》1948年11月8日,第6版。
② 《生生牧场关于"资敌"事的答辩》,《生生牧场来往函件》,上档,Q89-1-7。
③ 《最高法院特种刑事判决三十五年度特覆字第六○五号》1946年10月8日,《生生牧场申诉书》,上档,Q89-1-9。

罪条例》的解释，认为不判罪而开释，就会"人言可畏，议论纷纷"。①事实上，从沈案的报道来看，《申报》着重描述事件经过，评论较少；相对来说，《文汇报》则在报道之余，有较多的评论之语，无疑给案件审理的过程营造了一种舆论氛围，特别是刊登职工信函，指责法院拖延审理沈案。在"快审严审"②压力之下判罪，也就难怪沈家大感冤枉和委屈了。加上战后敌伪产业处理的混乱状况，就在沈万灵检举农林部技正张彬忱一年后，张被上海地方法院判定贪污。同时，农林部次长钱天鹤也被参政会检举私自出卖乳牛和耕地的嫌疑。③这使沈家更坚信，这桩"汉奸"案乃是"有心人"的故意诬陷。

外货充斥、消耗外汇，危及"民族工业"的生存。1945年后，面对美货的来势汹汹，民族工业普遍感到巨大的压力。尤其是本地鲜奶企业，面对美国奶粉的倾销几乎完全丧失还击能力，不得不向政府求助，政府却无法拿出应对办法，进一步加剧市场压力和行业性恐慌。

不过，普通民众未必一味排斥美货，从美货在上海市场上的走俏就可看出其受欢迎程度。在质优价廉的情况下，民众很难说"不"，就像报刊中的某些评论认为，"为了贫苦的消费人的利益，我们至少不反对这些日用品的倾销。"④

近代上海乳业的发展轨迹折射了近代中国乳业的历程，进口

---

① 《访问首席检察官 谈汉奸审判》，《大公报》1946年4月1日，第3版。
② 关于这个论点可参见彭伟成：《战后国民政府惩治汉奸研究——以媒体报道为中心的考察》，上海大学历史系硕士论文，2009年。
③ 《上海地方法院检查处关于张彬忱贪污案》，上档，Q186-2-13257。早在1946年3月，张彬忱就被参政会议员告发有贪污嫌疑。《参政员揭发贪污听者动容》，《申报》1946年3月25日，第1版；《次长被检举》，《新民报》1946年8月23日，第1版。《参政会第七次会议》，《文汇报》1946年3月25日，第1版。《日农场接收案有新发展》，《文汇报》1946年8月27日，第3版。
④ 《美国货》，《新民报》1946年7月18日，第2版。

乳制品打压鲜奶市场,在1949年后得到抑制。可是,国营乳制品厂的出现,又造成新的竞争局面,使得主管牛奶的机关不得不请示上级机关:"大城市内是否以售鲜牛奶为主?抑或以制造奶粉为主?抑或以两者兼顾。"①

---

① 《上海市卫生局关于乳肉品四年来管理工作概况报告》1954年3月,《上海市人民政府卫生局关于乳肉品四年来管理工作概况报告及乳肉管理所事业性质、经费收支情况的报告》,上档,B242-1-666。在报告中,乳肉管理所的有关人员认为,"在城市内应以出售鲜牛奶为主"。

第六章 延续与争论:近代上海乳业制度与同业公会

1946年至1952年,上海乳品业先后出现了两个同业公会,彼此之间向政府争夺合法地位,最终两公会在1949年后经上海市人民政府的调解,合并为一个同业公会。关于这场纷争,葛淑娴曾做过简要叙述,她认为这场纠纷主要是商人逐利的结果。此外,关于1949年后的同业公会的研究中,有学者将同业公会的转化和消亡归咎于国家权力的强化。[①]

而在笔者看来,商人逐利固然是导致同业公会纠纷的一个重要原因,但是将政府态度置于"被动"的位置都不符合历史现实。况且,乳业内的纠纷往往又和乳业自身的制度建设和行业发展联系在一起。所以,要厘清这个历史纠纷,只有打破1949年的分界点,从历史情景中找出答案。这场同业公会纠纷与其说是行政权力的强化,不如说是行业标准引发的经济利益纠葛。而且政府在实际操作中并不会一味使用行政手段,也会从行业内部寻求解决之道。

第一节 一业两公会的形成

1920年后租界内持续的牛奶讨论,特别是将牛奶问题归结于华人的看法,使得华商牛奶棚开始聚集起来,讨论如何应对租界的

[①] 王笛:《成都茶社同业公会的消亡》,《二十一世纪》2009年第115期,第46—54页。

第六章　延续与争论:近代上海乳业制度与同业公会

新政策。1923年1月7日,以自由农场为代表的五家华商牛奶棚,商议组织公会,扶助规模不完备的牛奶公司,教导其生产洁净的牛奶,以保障卫生安全。①华商们还计划在浦东建立一个牛奶场,用于购买和饲养良种奶牛,每日所得牛奶经过装瓶、检查、过磅、登账后分送至用户。②这一举动受到租界的欢迎,《字林西报》称赞这一积极举措将会让租界居民以合理的价格购买更多、更高品质的牛奶,并使送奶范围扩大一倍。③

此公会于1924年1月28日正式成立,名为"上海市牛乳场联谊会"(Shanghai Dairymen's Association),④除华商外也有外商牧场加入,其主要成员均为"上海区域内执有上海工部局及法公董局'A.T.T.''A'或'B'各级牛乳场执照者或其代表组织",A级牧场占多数,会员大致为18家。由于联谊会在租界行政范围内成立,且之后没有向民国上海市政府登记,为同业公会纠纷埋下隐患。⑤

当日到会者,包括当时上海地区主要的22家华商牛奶场,代表30余人。会议推选虹口牛奶棚的张子良为临时主席,旨在联络同业,推进上海牛奶业发展,改良本业卫生情况。⑥此后,公会开展了一系列业务:同业内奶牛买卖,在公会注册之工人由公会出函介

---

① 《牛乳公司组织公会之动议》,《申报》1923年1月9日,第14版。
② 《大牛奶场之新计划》,《申报》1923年1月25日,第17版。此处缺乏具体资料考证其设想是否真的落实。
③ A Chinese Effort to Solve the Milk Problem,《北华捷报》1923年1月27日,第237页。
④ 该联谊会有时也以"上海市牛乳场联合会"名义见诸报端和相关文件,故下文出现之"联合会"和此"联谊会"皆为同一公会。之后为行文需要,皆称为"联谊会"。之前亦有西人组织公会,但与本书讨论无关,故不涉及。
⑤ 根据日后上海市工商联筹备会的调查报告,租界政府不允许行政区域内成立同业公会,故联谊会只能以"Club"的形式出现。此说法仍待进一步研究。"乳品工业公会甲乙级会员不能合并报告",《上海市工商业联合会关于牛乳乳品两业合并组织经过的有关文书》,上档,C48-2-220,第29页。参见第五章讨论内容。
⑥ 《牛奶业公会成立》,《申报》1923年1月28日,第17版。A Chinese Effort to solve the Milk Problem,《北华捷报》1923年1月27日,第237页。

绍工作、奶瓶改良、病牛隔离、调查会员营业概况等。①

表 6-1　1947 年上海市牛乳场联谊会主要成员之等级及负责人

名　　称	等级	地　　址	负责人姓名
洁园农场	A.T.T	江苏路 99C 号	卢维缚
丽园农场	A.T.T	武定路 147C 号	陆基
元元牧场	A	中正西路(今延安西路)485 号	丁惟宽、吴寅伯
生生牧场	A	安和寺路(今新华路)541 弄 200 号	沈万灵
上海蓄植公司	A	武夷路 108 号	马少聪
华德牛奶场	A	江苏路 92 号	杨德修
三星牧场	A	开纳路(今武定西路)189 弄 65 号	瞿云龙
源生牧场	A	愚园路 457 号	李伯龙
红星牛奶公司	A	虹桥路 113 号	徐树森
自由农场	A	延平路 260 号	尢怀皋(尢志迈)
光华牧场	A	徐家汇马家宅 29 号	徐文石
金星牧场	A	凯旋路	严巧生
汇利牛奶公司	A	虹口飞虹路 495 号	潘荣和
惠司登牧场	A	星加坡路(今新加坡路)45 号	蔡新元
新生牛奶公司	A	林肯路(天山路)255 号	蓝以襄
康乐牧场	B	虹口西体育会路	严复生
凯旋牧场	C	凯旋路	杨文俊

资料来源：根据郝履端、严炎《上海市乳牛场调查》，《农业通讯》第 1 卷第 5 期，1947 年 10 月，第 47 页，"附表"及《上海市牛乳场联合会会员表成立时期化验合格执照》，《上海市社会局关于牛乳商业申请组织同业公会召开成立大会送章程、名册履历表等来往文书》，上档，Q6-34-231 制作。

---

① 《牛奶业公会董事会议》，《申报》1924 年 3 月 1 日，第 19 版。《牛奶业公会之会议》，《申报》1924 年 3 月 11 日，第 19 版。《牛奶公会会员纪》，《申报》1924 年 4 月 8 日，第 19 版。

第六章 延续与争论：近代上海乳业制度与同业公会

一、第一次争执

抗战胜利后，民国上海市政府开始重新登记同业公会。1945年11月30日，由姚醒黄①等组织的"上海牛乳商业同业公会"向上海市社会局登记，并电告牛乳场联谊会，要求其参加公会组织。1946年3月27日，经社会局批准，"上海市牛乳商业同业公会"于八仙桥青年会举行了成立大会，姚醒黄任会长，登记会员37家中有19家位于浦东，且多持有战后上海市政府卫生局颁发的C级执照。②

有些牧场在得知新成立的公会向社会局登记后，致函联谊会要退出联谊会，加入新公会。③联谊会方面得到商业公会成立的消息后，立刻召开会员大会，派员前去社会局交涉。④在上海牛乳商业同业公会成立当日，联谊会方面就派出卢维溥等理事三人作为代表，前往社会局申请制止开会，该会认为自己由多家A.T.T及A级牧场组成，更具有资格代表同业。不过社会局认为商业公会"依法筹备，各项手续并无不合"，而联谊会方面又不愿接受社会局提出的"双方洽商选出理监事"的处理意见，故此次抗议并未引起社会局关注。⑤

---

① 上海青浦人，毕业于清华大学，美国农学博士，回国后曾出任民国政府江苏省第一农业学校教务主任，农矿部技正，中央大学农学院艺化学组主任兼副教授等职，是中国科学社成员之一。1949年后，曾担任华东农科所（今江苏省农科院前身）农业化学系主任和江苏省政协委员。参见李保询、易琼华等：《回忆农业化学专家姚醒黄先生》，江苏省农业科学院主编《缅怀农学前辈：怀念江苏省农业科学院老领导老专家文集》，江苏科学技术出版社2006年版，第78—81页。

② 《人民团体成立大会报告》1946年3月27日，《上海市社会局关于牛乳商业申请组织同业公会召开成立大会送章程、名册履历表等来往文书》，上档，Q6-34-231。下文为行文需要，简称该公会为"商业公会"。

③ 《可的牧场EGAR给主席的信》1945年11月21日，《上海市乳品业同业公会关于本会（牛乳场联合会）的筹组、改选等有关文书以及理监事名单、工作人员的辞职信》，上档，S118-1-1。

④ 《上海市牛乳场联合会全体大会》1946年1月27日，《上海市乳品业同业公会（牛乳场联合会）会员大会及理监事会议记录》，上档，S118-1-4。

⑤ 《为本市牛乳业同业公会组织经过签请核示由》1946年4月15日，上档，Q6-34-231，第31页。

联谊会成员并不因此气馁,在搜集相关资料的基础上,他们指出,作为商业公会筹备员的姚醒黄,现正出任农林部专门委员,违反了公务员不得经商的规定;他们又指出商业公会成员中有未领取执照和领取汪伪政府时期C字执照的牧场,出于对大众健康的负责,这些牧场欠缺资质。①与此同时,他们还向社会局提出申请组织"上海市牛乳场同业公会",以取代"上海市牛乳商业同业公会",此项申请未获社会局批准。②

姚醒黄代表商业同业公会方面,屡次造访联谊会,希望彼此合作。联谊会会员最初坚决拒绝,③但眼见新公会成立已成事实,况且社会局又下令双方必须派员在5月1日汇报调解办法,故不得不答应与商业公会至社会局商量合作。④然而,到了约定商谈的4月30日,本来答应出席的同业公会方面代表姚醒黄却无故缺席。5月1日,联谊会方面代表卢维溥等赴社会局汇报昨日情形,姚醒黄又未出席。对此,联谊会方面极为不满,认为商业公会方面缺乏诚意,⑤再次向社会局呈文申明商业公会的不合法性,要求彻查此事。⑥

---

① 《为牛乳场同业公会筹委人员中有非同业合法代表者拟请查明分别斥免并恳核准仍由商等依法组织公会由》1946年3月27日,上档,Q6-34-231。后经农林部驻沪办事处证明,姚醒黄的确为农林部专门委员,该商号只能另派代表,姚本人也不再担任该会常务理事一职。见《为准函询姚醒黄是否农林部职员一案函》1946年6月28日,Q6-34-231。

② 《为呈请组织上海市牛乳场同业公会事》1946年1月18日,上档,Q6-34-231。《理事会》,1946年1月15日,上档,S118-1-4。

③ 《理事会》1946年4月1日,上档,S118-1-4。

④ 《理事会》1946年4月16日,上档,S118-1-4。《为牛乳业公会筹备员姚醒黄对调解公会组织会谈一再爽约似无合作诚意报请鉴核由》1946年5月18日,上档,Q6-34-231。

⑤ 《为牛乳业公会之组织始终为非同业合法代表不特于法无据请支持公道由》1946年5月17日,《上海市乳品业同业公会(牛乳联合会)为反对牛乳商业同业公会成立向上海市社会局等单位呈报及会员牧场陈述牧场系农业性质,无成立公会之必要的有关文件》,上档,S118-1-2。

⑥ 《为牛乳业公会筹备员姚醒黄对调解公会组织会谈一再爽约似无合作诚意报请鉴核由》1946年5月18日,上档,Q6-34-231。

上海市社会局对待联谊会之抗议,一方面剔除姚醒黄代表资格和常务理事名义,要求商业公会重新选举代表,还向卫生局发函询问执照问题,以安抚联谊会成员。①另一方面,社会局仍然准许商业公会登记备案,成为市政府承认的合法同业公会。②负责科员何成纪认为两会纠纷主要牵涉的问题是理监事名额。商业公会方面,虽然会员多,但是资本额小;而联谊会方面会员虽然相对同业公会较少,但是资本额较大。何认为可以依照《商业同业公会法》第十三条来选出理监事。③在两会商议时,姚醒黄提出,可选出理事10名,5名为同业公会成员,5名为联谊会成员,监事3人,2人为联谊会成员,1人为商业同业公会成员。联谊会成员则认为,理事中应该有6人是本会成员,4人为同业公会成员,监事中,可以2人为同业公会成员,1人为联谊会成员。④双方商谈后,并没有达成一致意见。

尽管商业公会的资格仍处于联谊会质疑中,但随着商业公会已经以同业公会名义展开会务,⑤上海市牛乳业一业两公会的局面就此形成。

二、第二次争执

虽然商业公会已经在社会局正式注册在案,并开始进行会务活动,但双方并没有放弃商谈"合作"。⑥在此过程中,双方因牛奶

---

① 《何成纪为卢维溥检举姚醒黄等不合会员资格一案向上海市社会局请示》1946年5月29日,上档,Q6-34-231。
② 《牛乳商业同业公会据呈送修正章程草案令准备案由》1946年12月5日,上档,Q6-34-231。
③ 《为牛乳业公会筹备员姚醒黄对调解公会组织会谈一再爽约似无合作诚意报请鉴核由》1946年5月18日,上档,Q6-34-231。
④ 《理事会》1946年5月21日,上档,S118-1-4。
⑤ 《上海市牛乳商业同业公会为呈请转呈市政府函咨善后救济总署停止发售救济品乳粉以救本业危机由》1946年6月10日,《上海市牛乳商业同业公会、市府关于停发救济品乳粉的来往文书》,上档,Q6-1-624。
⑥ 《上海市牛乳场联合会理事联席会议》1947年3月18日,《上海市乳品业同业公会(牛乳场联合会)会员大会及理监事会议记录(附乳品制造业联合会、乳业大会会议记录)》,上档,S118-1-3。

价格问题再次爆发争执。

1947年10月16日,牛乳场联谊会鉴于物价飞涨,遂于《新闻报》刊登奶价调整公告。①不料,上海牛乳商业同业公会于第二日《新闻报》上指责联谊会是伪政府时期组织,曾参加日人株式会社,且卫生局还未办理执照,牛奶只分消毒与不消毒,所以价目表中A.T.T等级别不可信。②联谊会立即在《新闻报》上予以反驳,指出所谓乳业株式会社乃是一公司,并非社团,现已被农林部接受改组,会员不可能加入;而且卫生局对牛奶等级早有规定,对方声称牛奶只分消毒与不消毒,乃是不知卫生局法令。③双方矛盾再次激化。

联谊会同时呈文社会局和市商会,要求制裁商业公会。他们首先强调其自身组织历史悠久,一直符合过去市政当局提出的卫生要求。其次,他们提出解决两公会纠纷,可以仿照颜料业与国产颜料业分设公会的办法。④社会局则要求双方先至市商会调解纠纷。10月22日,联谊会派代表与时任市商会秘书长严谔声谈话,严谔声要求联谊会成员加入商业公会,而联谊会成员认为商业公会成员过去都为C级牧场,业务上不一致,应该分立两会。严氏随即表示社会局不希望出现分立两会的局面,但是合并公会后"AB级会员可以设法取得实际领导资格"。⑤联谊会方面代表不置

---

① 《上海牛乳场联合会通告》,《新闻报》1947年10月16日。
② 《上海市牛乳商业同业公会启事》,《新闻报》1947年10月17日。
③ 《上海市牛乳场联合会为驳覆牛乳商业同业公会启事》,《新闻日报》1947年10月19日。
④ 《上海市牛乳场联合会临时大会》1947年10月17日,《上海市乳品业同业公会向会员申请牛饲料、向汪伪经济处和行政院善后救济总署等单位联系的有关文书(内有英文文件)》,上档,S118-1-13。《上海市牛乳场联合会第十一次临时会员大会》1947年10月20日,上档,S118-1-1。
⑤ 《市商会谈话纪要》,1947年10月22日,《上海市乳品业同业公会为调整牛乳食欲向有关单位请示的来往文书及调价的新闻报导、价目单和核算牛乳成本的有关材料》上档,S118-1-16。

可否,此次谈话并没有获得实际解决办法。

就在同一天,商业公会又在《新闻报》上发表声明,称联谊会为非法组织,已呈文社会局要求解散。①10月28日,该公会呈文社会局,称根据密报,联谊会是沦陷期间附逆敌伪组织,并附上附逆通敌行为表一份和证件摄影两件以兹证明。在附逆通敌行为表中,以源生牧场为代表的13家联谊会成员都被指责曾加入"日华乳业联合会",同时还向汪伪上海特别市经济局备案。这其中又特别指出,生生牧场前经理沈九成因汉奸罪,该牧场被现中央信托局接收;自由农场负责人尤志迈、光华牧场负责人许文石和源生牧场负责人李伯龙都曾出任过伪职。②

事实上,商业公会指控联谊会与日伪通敌缺乏"底气",因前者的发起人中有5位是日伪时期"上海特别市牛奶业同业公会"发起组织者,且成员中有9家亦是该公会成员。③"上海市特别市牛奶业同业公会"是日军侵占上海后,浦东小牧场主向汪伪上海特别市社会局申请组织的,该会得到批准后于1940年5月5日成立。④该公会和日华乳业联合公会都在抗战胜利后自行解散。

社会局方面对此文件反应平淡,并没有对联谊会成员做出任何处置,只是再次分别约集双方谈话,劝导"合作",并为此事函请上海市卫生局出面调解。⑤不过,社会局一直不承认联谊会为合法

---

① 《上海市牛乳商业同业公会声明"上海市牛乳场联合会"系属非法组织已呈请主管机关勒令解散启事》,《新闻报》1947年10月22日。
② 《为"上海牛乳场联合会"非法组织恳请彻查勒令解散以维法纪由》1947年10月28日,上档,Q6-34-231。
③ 《上海特别市牛奶业同业公会发起人履历表》,上档,R1-16-961。《上海市牛乳商业同业公会会员名册》1946年6月11日,上档,Q6-34-231。
④ 《日伪上海特别市政府关于牛奶业同业工会的文件》,上档,R1-16-961。
⑤ 《上海市卫生局便条》1947年11月8日,《上海市卫生局有关牛奶级别、标式登记订购等管理所的来往文书》,上档,Q400-1-3095。

组织,要求联谊会解散后加入商业公会,强调公会必须集权统一。联谊会认为牧场属于农业,并无组织公会需要,且商业公会组织动机可疑,有成员甚至认为社会局也该为此事认错。最后,大会决议如果要做出让步,则必须让社会局先改组商业公会,尤其是要让商业公会负责人提出辞职。①另一方面,商业公会理事长朱砚清因持续一年还未解决的纠纷,受到公会会员诘难,为此,他不得不致信社会局,要求其立即解散联谊会,以维持公会权威。②

1947年12月4日,社会局召集联谊会代表谈话,"表示过去不经调查研究,先允成立公会之错误",又表示商业公会方面要求在理监事人数上各增加一名,希望双方能接受调解,结束两会纠纷,否则要施加压力。联谊会三名代表以1947年11月10日国民政府农林部颁发的《牧场登记规则》,证明政府亦认为牧场属于农业性质。③又在一个月后呈文社会局,除重申行业属于农业性之外,又以农林部接受改组敌伪时期上海农牧场,以及南京同业也未向社会局登记为由,强调联谊会应该向农林部登记,或者向社会局农业合作课登记,但其主要目的还是在于说明"牧场业无组织商业性同业公会之必要"。④

三、暂时解决办法

联谊会因纠纷耽搁太久,影响到物价管制,为解决此事,聘请

---

① 《上海市牛乳场联合会临时大会》1947年10月28日、《上海市牛乳场联合会第11次理监事会议》1947年11月5日、《上海市牛乳场联合会第十四次临时会员大会》1947年11月29日,上档,S118-1-3。

② 《为上海牛乳场联合会之非法组织未见勒令解散属会受到阻碍难以推进工作请示》1947年11月22日,上档,Q6-34-231。

③ 《上海市牛乳场联合会第十五次临时会员大会》1947年12月27日,上档,S118-1-3。

④ 《为上海市经营牛乳事业之农场牧场等,其性质应属于农业,应直辖于农林部,并应在钧局农业合作科登记,似无成立公会之必要,请予酌夺由》1948年1月8日,上档,Q6-34-231。

第六章　延续与争论：近代上海乳业制度与同业公会

律师出面交涉。①社会局方面也急于催促两会合并。由于此时物价飞涨，社会局为掌握各业成本，调整价格，需要借助公会力量，一业两会的局面显然不利于社会局的调查。因此，局方提出，"不论何方任理事长，则对方增一常务理事"的合并条件。联谊会方面却有会员坚持"必须争理事长一席"。②不过，由于该会无法向善后救济处提供主管部门登记证书而被取消合约。虽然该会亦向善后救济处申明该会之合法性，却不被对方承认，最后由社会局出面解决。这次事件可能促使该会成员意识到与商业公会合作以取得合法地位的重要性，所以考虑作出某些让步。在随后举办的联谊会会员大会上，决定可以"本会得多一理事，少一常务理事"，算是一种妥协。③

1948 年 11 月 8 日，由社会局出面，在丽都花园宴请联谊会和商业公会双方代表，谈论合并事。在社会局组织处处长王家树和双方代表律师发表意见后，两方当场决定于下午各派一名代表讨论合并细则。④11 月 8 日，联谊会代表马少聪和商业公会代表朱砚清在兄弟牧场所属的老大昌会谈后，都表现出合作的意愿，但朱砚清亦表示商业公会会员反对常务理事制，并且要求理事长必须在大会中产生。⑤参与谈话的社会局组织处处长王家树随即表示，理事长决不能在大会中产生，并支持暂行常务理事制。他还建议双

---

① 《上海市牛乳场联合会民国三十七年第二十七次会员大会》1948 年 9 月 22 日、《上海市牛乳场联合会民国三十七年第二十八次会员大会》1948 年 10 月 12 日，上档，S118-1-3。
② 《上海市牛乳场联合会民国三十七年第二十九次会员大会》1948 年 10 月 20 日，上档，S118-1-3。
③ 《上海市牛乳场联谊会第三十一次会员大会》1948 年 11 月 1 日、《上海市牛乳场联谊会第三十次会员大会》1948 年 10 月 27 日，上档，S118-1-3。
④ 《上海市牛乳场联谊会第三十三次会员大会》1948 年 11 月 8 日，上档，S118-1-3。
⑤ 商业公会成员较联谊会多，如果理事长必须由大会选举产生，则很有可能由商业公会中产生。

方合并后,会内设"消毒"组与"不消毒"组,对内事务个别解决,对外事务则由二组推派常务理事。①

两会最终默认王家树之提议,并于一个月后决定四项解决办法:

(1)凡未经参加牛乳业之公司行号先加入该会为会员;(2)理监事人数以各半为原则即理事八人,监事二人,理事七人,监事三人;(3)设常务理事制对外行政由常务理事会署;(4)以业务实际情形分设 A 级组与 B 级组对内业务由各该组理监事负责办理。②

从上文可以看出,社会局仍然承认商业公会为合法地位,要求联谊会解散后并入商业公会中,以实现"一业一地一会"的原则。至此,两会在名义上似乎已经完成"合并",剩下的就只是如何实施合并的细节了。

第二节　管理与发展

一、卫生管理

由于从 1925 年后不同市政当局均实行等级制执照条例,形成了甲乙两种等级牛奶棚和牧场,甲级牧场以生产消毒牛奶为主,特别是低温杀菌后装瓶出售的巴氏消毒牛奶,由送奶工送给订户。乙级生产的牛奶除了小部分供应客户之外,主要销售给奶粉厂或者甲级牧场。

抗战胜利后,上海市卫生局开始对全市乳场进行管理,除了平

---

① 《上海市牛乳场联合会第三十四次会员大会》1948 年 11 月 15 日,上档,S118-1-3。
② 《社会局便条》1949 年 1 月 13 日、《上海市社会局训令牛乳公会为该会合并纠纷案决定处理办法仰遵办具报由》1949 年 1 月 25 日,上档,Q6-34-231。

时派出兽医检验牛只健康,调查乳场清洁状况外,还有专人负责采样化验。①1946年7月,卫生局公布了《上海市管理乳场及乳品制造场规则》。该法规基本沿用工部局时期、日伪时期的条例内容,主要包括牛只的防疫隔离、乳制品定义、乳场卫生条件等,也延续了之前制定的等级制度、品质标准和细菌化验制度。其中,第二十三条规定了甲、乙、丙等牛奶标准,第二十六条明确提出,未经消毒的牛奶,严禁装瓶出售,只能以桶装形式,用于工业用途。②

1947年,牛乳场联谊会发现市面上有无执照的未消毒牛奶私自装瓶销售,企图鱼目混珠,蒙蔽客户,鉴于当时上海霍乱猖獗,为避免影响市民健康,牛乳场联谊会恳请上海市卫生局派员抽查情况后,予以取缔和重罚。这项呈请得到上海市卫生局长的批准。③

根据卫生局调查和其他部门的反映,当时甲等牛奶棚29家,其中有5家的牛奶并未消毒。这5家中,有因为电力超过限额,被电力公司断电后,无法运行消毒机者;有因为马达损坏,导致消毒机器无法运转者。但无论何种原因,卫生局均向他们强调,如果不经消毒,必须标明"生奶"以示区别,否则全部没收。

丙等牧场所出售牛奶销路不畅,价格低落,每磅平均只售400元(法币,下同),而消毒牛乳每磅现价1600元,可的牧场每磅售价可达2250元。丙级乳场为控制成本计,只能在牛奶中"抽油加水"。各牧场又无力自行配备消毒设备,很多甲级牧场也出售生

---

① 《上海市政府施政报告》,张研、孙燕京主编《民国史料丛刊》第164册,大象出版社2009年版,第360页。《上海市卫生局关于调查市牛奶厂及筹建牛奶棚乳汁的来往文书》,上档,Q400-1-3101。

② 《上海市乳场及乳制品制造场规则》,《上海市政府公报》1946年第11期,第340—350页。具体内容请参考附录。

③ 《呈为不消毒之牛乳充斥市面影响民众健康》1946年7月21日,《上海市卫生局关于牛奶集中消毒及消毒管理法等》,上档,Q400-1-3097。

奶,多数牧场都在苦撑度日。调查员认为实行强制消毒为合理之办法。"惟事实上各乳场因限于经济,恐无力自行装置消毒设备,推行此项法令亦有相当之困难"。故调查员期望卫生局在消毒一事上,"应有原则之决定"①。

1947年2月20日,上海市卫生局举办座谈会,邀请丙等乳场商讨集中消毒。此次会议出席者22人。会议主席由上海市卫生局周景中科长担任,他先阐明召开会议的目的在于,因政府禁止瓶装生奶出售,小牧场又无力单独购买消毒机器,所以卫生局考虑办理集中消毒。接着,他报告了卫生局检验牛奶样品的结果,提出经营牛奶不能只考虑盈利,还要有服务社会的精神。

兄弟牧场的朱砚清发表意见,认为可以考虑建立一个合作社,使养牛人全力养牛,无须分心在业务上,可以参考当时南京及青岛有关合作社的办理情形。另有与会者提出,可以请卫生局出面,设法向银行贷款或者向敌伪产业管理局商借消毒机。但大多数人还是赞同集中消毒的办法,会议决定可以成立一个筹委会讨论具体细节。②

但在2月24日的商业公会大会上,成员们认为公会中没有人能胜任这项任务。原因有四点:一是会员本身工作繁重,抽身无暇;二是当时通货膨胀,饲料价格飞涨,营业衰落,会员们艰难度日,无精力来负责此事;三是经济能力薄弱,没有多余力量来发展消毒之事;四是会众学识欠缺,无合适人选。故筹委会一事只能落空。商业公会希望先向农林部请求农贷,解决经济问题后再想办法解决集中消毒。在此之前,会长朱砚清承诺,将努力解决会内成员滥用他人执照及无执照牛奶牛奶的问题。③

---

① 《国民政府参军处军务局函》,《上海市卫生局取缔未消毒牛奶》上档,Q400-1-3100。
② 《丙等乳场座谈会记录》1947年2月20日,上档,Q400-1-3100。
③ 《上海市牛乳商业同业公会呈上海市卫生局局长》1947年2月26日,上档,Q400-1-3100。

卫生局原计划1947年8月实行集中消毒。为此,卫生局长曾询问分管牛奶的周景中,禁止出售生奶是否影响夏令卫生。周回复称,为防止牛奶棚以装置设备为借口,拖延施行政令,卫生局可以购置橡皮图章数枚,刻上"生奶必须煮沸"字样,分发给各丙级乳场,令其加盖在奶瓶纸罩上。①卫生局局长随后向市政府呈请,要求全市丙级乳场在八月一日前出售生奶,必须注明"生奶必先煮沸"字样,否则不准出售。②牛乳商业同业公会呈文卫生局,希望能宽延两个月,先改善各牧场卫生条件和蒸汽消毒设备,达到生奶消毒煮熟瓶装出售,③并呈上他们设计的蒸汽消毒法图样,希望得到卫生局批准。卫生局方面认可这种"土法蒸汽消毒",但还是要求商业公会在宽延期内,出售生奶必须在纸罩上注明"生奶"字样,且今后仍须实行集中消毒,而且卫生局拟定了一个《牛奶蒸煮消毒管理办法》,第二条规定除了抽样检验外,还将使用巴氏法(Pasteur test)测定样品是否过分煮沸。④

商业同业公会对市府卫生局使用"丙级生奶"之称呼,非常敏感,认为这项名称如果被客户知道,营业必受打击。会长朱砚清在呈文中称,"牛乳不以品质之优劣为最重,因宜分级制限制,至于生熟之别是人工上之关系,非成分上之问题"。出售生奶者自知此项事业不会长久,已经考虑将来集中消毒的问题,所以请政于品质上分等级,不要在生熟上再分等级。如果使用"丙级生奶"的称呼,外界以为生奶也有甲乙丙等之分。朱砚清还特别指出,以前租

---

① 《周景中呈杨处长》1947年4月27日,上档,Q400-1-3100。
② 《拟呈以本市丙级乳场出售生奶自八月一日起不得装瓶出售各即准予备案由》1947年5月,上档,Q400-1-3100。
③ 《上海市牛乳商业同业公会朱砚清呈上海市卫生局局长》1947年8月5日,上档,Q400-1-3097。
④ 《上海市卫生局长致牛乳业公会批文》1947年11月8日,上档,Q400-1-3097。

界时期的甲乙执照之分别，都是以营业地点和国籍为准，以至于外国人都是 A 级，华人多为 B 级，这种不从品质来区分的办法，"论者非之，乃帝国主义者色彩"，而 A、B、C 之分也是日军侵华后的"苛刻政令"，被"奸商"利用，把持压迫小企业。朱砚清建议，不要把出售生奶者列入"丙等"，以免影响生意。①

1948 年 1 月 21 日，卫生局科员王志敏鉴于市面上纸罩名称乱标的情况，呈请卫生局长考虑颁发统一的许可证。②卫生局邀请行业代表和畜牧专家共同参与讨论牛奶棚设备及管理标准。6 月 18 日，吴信法、蔡无忌等专家参与了卫生局召开的牛乳场设备及管理标准会议，经讨论后制订了《上海市牛乳场检查标准表》和《上海市牛乳处理检查标准表》，审查通过后作为上海全市牛乳场普查的根据，用于各牛乳场设备及管理情形评定分数与核定等级，以使上海牛乳场逐渐提高水准。③1949 年 4 月，全市牛奶场普查核定后，有甲级 23 家，乙级 3 家，丙级 10 家，同时又有临时 A.T.T 级 2 家，临时甲级 1 家，临时乙级 5 家，临时丙级 30 家。④

二、市场情况

中华人民共和国成立后，上海的乳业市场，逐渐走出抗战后的混乱状态，慢慢得到复苏。在经过共和国成立初期的通货膨胀和"二六轰炸"引发的一些生产困难后，从 1950 年 6 月开始，随着上海市财政情况的好转，同时由于政府禁止进口奶粉，乳业逐渐从恢复状态进入发展状态。

---

① 《呈为执照生奶免列丙级》1947 年 3 月 20 日，《上海市卫生局关于牛奶级别、标式登记订购等管理所的来往文书》，上档，Q400-1-3095。
② 《王志敏呈请局长》1948 年 1 月 21 日，上档，Q400-1-3095。
③ 《牛乳场设备及管理标准会议》1948 年 6 月 18 日，《上海市卫生局关于市乳场登记与检查标准、牛奶处理于检查标准》，上档，Q400-1-3096。
④ 《全市奶场普查结果核定等级牧场》1949 年 4 月，《上海市卫生局关于管理乳场递送证》，上档，Q400-1-3102。

至1950年工商联调查时,上海牛乳场联谊会报告称,会员有25家,拥有2 048头牛,日产牛乳约27 025磅,如果加上当时另外一个公会,即上海牛乳商业同业公会的会员和牛只数量,当时上海拥有4 127头的牛只,其中乳牛3 041头。此后,由于上海市政府为保障副食品供应,大力扶植乳业生产,奶牛数量逐年增长,1952年为4 946头,1953年相比1952年,增加了3%,为5 096头,至1954年6月统计时,增加了11%,为5 679头。①

不是所有牧场的牛只都是自有的。个别养牛者,蓄有乳牛数头或数十头,自己没有牛棚,因此以牛只租给甲级牧场。有些乙级牧场,虽然自己有牛棚,也将牛只租给甲级牧场。这种情况最早是由可的公司开始的,后来自由农场因牛只患病,相继死亡,效法可的公司的做法。当奶源短缺时,牧场之间往往为争夺"下奶牛",常以变相抬价的方式,招收奶牛,或者抬价折收牛奶。到了营业淡季(通常在一年的三月到九月),又互相跌价竞争。

租牛的报酬是以牛奶产量计算的,每月产奶多少,一般是根据公会议价而定,在旺季大约折合议价的三五折,在淡季时折合议价的三折。下奶户提供挤奶工人,牧场提供牛棚,水电清洁用具以及牛舍清洁工人。牧场与下奶户之间在价格上是有矛盾的。到20世纪50年代初,下奶牛计1 042头,占本市牛只总数之23%。②至1954年时,甲级牧场的2 270头牛种有1 297头牛是属于下奶户的,占57%。有的牧场所有的牛只都来自下奶户。③

---

① 《本业的过去和现在》1952年,《上海乳品业历史沿革及概况调查报告》,上档,S118-3-1。
② 《本业的过去和现在》,《上海乳品业历史沿革及概况调查报告》,上档,S118-4-3。
③ 《上海市私营企业乳品工业调查研究报告》,上档,B163-1-135。

表 6-2　1954 年甲级牧场下奶牛比重表

名　　称	牛只总数	自有牛只	下奶牛头数
荷兰牧场	64	64	
协祥牛乳公司	47		47
华东牧场	92	92	
中国农场	51	27	24
生力牧场	41	41	
华生牧场	73	46	27
兄弟牧场	65	65	
老大昌牧场	38	32	6
源生牧场	146	100	46
元元牧场	86	4	82
三星农场	143	126	17
丽园农场	100	100	
新生畜牧公司	123		123
上海蓄植牛奶公司	104		104
梅林蓄植公司	184	66	118
惠司登牧场	77	22	55
自由农场	191		191
可口牛乳场	38		38
红星牧场	51	2	49
上海乳品厂	241		241
汇利牧场	90	41	49
洁园农场	62	62	
华德牧场	80		80
东方牧场	83	83	

资料来源:《上海市私营企业乳品工业调查研究报告》,上档,B163-1-135。

表 6-2 根据 1954 年行业情况统计,20 世纪 50 年代的市场情况大致也是如此。由表 6-2 可知,17 家牧场有下奶牛,其中的 7 家牧场,牛只全部来自下奶户,可谓"有棚无牛";有 5 家牧场,牛只超过半数来自下奶户。虽然甲级牧场也想自己购买牛只,但缺乏流动资金,当时牛只价格昂贵,且自"五反"以后,牛价上涨,尤其是良种的荷斯坦牛,如购买 50 头牛,需要人民币 12 亿元。①甲级牧场除了以下奶方式租赁牛只保证产量外,在因气候变化向乙级牧场购买牛奶,经消毒后提供给消费者。

第三节　两公会合并

一、草案风波

1949 年 10 月 11 日,上海市卫生局颁布了《上海市人民政府管理乳场及乳品制造厂规则》三十二条,其中,第十二条"消毒"中规定,高温杀菌的牛奶产品,其售价要低于低温杀菌者,未经杀菌手续的牛奶;第十三条"牛奶之等级"则制订了"灭菌牛奶""杀菌牛奶"和"新鲜牛奶"三种,并分别规定了乳脂含量和细菌指标。这些条款立即引起了牛乳商业公会的高度关注,当时正值商业同业公会和联谊会在商谈同业公会合并事宜,商业公会成员们对草案的不满,导致合并之事被拖延了。②

商业同业公会专门在 12 月 12 日的小组干部会议上讨论此案。萧寿南率先指出,此草案"有帝国主义遗风",应该予以纠正。他认为,"建设生产,应以扶植为主。"所谓帝国主义之遗风,就是"前租界时代所颁各种条款"。③

---

① 《上海市私营企业乳品工业调查研究报告》,上档,B163-1-135。此处币值采取的是旧币。
② 《上海市乳品业同业公会有关上海市卫生局牛乳业管理规则的修改意见》1949 年 10 月,《上海市卫生局牛乳业管理规则草案及上海市乳品业同业公会简讯和劳资协商会议等文书》,上档,S118-4-51。
③ 《同业小组干部检讨卫生局颁布管理细则一案》1949 年 12 月 12 日,《上海市乳品业同业公会(前牛乳商业同业工会)会员记录》,上档,S118-4-12。

在第二天举办的商业同业公会会员大会上，会员们更是纷纷发言，对草案表示不满，认为人民政府采用租界时代的做法，是"未顾及群众和事实"，不体谅营业的困难。如作为同业公会中积极分子的萧寿南，再次指出，此草案所列规则，内容苛刻，各种条款，非小牧场等可容忍，卫生局方面在此问题上处置失当。公会主席朱砚清也指出，牛奶按等级划分，是外商的标准，这种"压榨之遗风"应予以豁免，这样才能扶植小牧场生产。在抱怨政府做法之外，会员们也在商量如何应对相关规则，多数会员视"消毒"为一种负担，有人提出，可以将牛奶用蒸锅煮沸，作为一种权宜之计，这样既不违背当局法令，也能照顾到小牧场的生存。会员们对其他条款并无不满，也表示尽量配合政府，改善卫生，例如衣服整洁、挤奶手续、排水设施和空气流通，也有人提出要自我约束，不要"抽油加水"，这样也是利人利己。朱砚清也提醒会员们注意清洁，以无愧于心。①

当天的会员大会选举出以朱砚清为首的六人代表，并在14日召开代表会议，讨论出席卫生局座谈会时所要提出的反对意见。代表们一致认定，卫生局的管理细则，"标准太高""难以接受"，朱砚清还提出，要向卫生局抗议贸然将管理细则分送给各牧场，因为此管理细则尚在征询同业意见。②

之后两天的干部小组会议中，会员们商谈细则时，都强调要废除等级。萧寿南特别之指出，C级牛奶商向A级牛奶商提供牛奶后，由后者生产加工后出售，况且啤酒、酱油、果汁和汽水等都没有等级之分，他据此认为，可以去除等级。谢家驹认为管理细则，"不念平民小资产之艰辛，而仅顾及大资本家之是抑，人民健康固然紧要，国家法令亦该顾到现实情形"，他还说，欧美国家只有消

---

① 《上海市牛乳商业同业公会会员大会》1949年12月13日，上档，S118-4-12。
② 《上海市牛乳商业同业公会召开派往卫生局出席座谈会之代表会议》1949年12月14日，上档，S118-4-12。

毒与不消毒之分，没有等级之分。所以，只须列明"高温""低温"即可。顾海涛甚至表示，此细则如不推翻，将危及到同业生存。

会员们将管理细则的问题归咎于卫生局相关主管的不负责，特别提到一些在公共租界工部局时代担任过卫生稽查员者，称他们不顾小牧场的种种苦楚，一味压榨，对当时乙级牛奶执照（即1925年执照条例）的颁发，颇具微词，认为这使得小牧场受尽A级牧场的剥削。①

在12月22日商业同业公会全体会员大会上，废除等级的呼声使会员们一致通过取消消毒字样，要求派去与卫生局座谈的代表们力争取消这条规则。②

不过，商业同业公会成员的想法并没有实现，卫生局显然没有同意他们取消等级的做法。12月26日的紧急会议上，谢家驹在报告中对未能达成目标，感到愧对会众，并声称，科长"意在左袒，不顾群众"。胡鹤卿则宣称不放弃上诉，他觉得，应继续上呈市府卫生局，要求废除"往日之无理规则"，对科长"抹杀群众事实，予以力争，盼达撤销细则目的"。这个提议得到大家的赞同，萧寿南表示管理细则，"无异扼杀同业"；唐木生表示，鉴于过去曾受到卫生局无理取缔的苛待，呈文绝对必需。徐云龙还对科长在座谈会上的"不恳切""不坦白""不顾及小牧场现实状态"，表示不满。所以，呈文的第一步是要求"采纳群众"，第二步是呈诉科长过去不端劣迹，压迫暴行，"最好盼能撤职，使贤明者任之"。③

之后28日、29日讨论应对管理细则时，商业公会成员纷纷表

---

① 《上海市牛乳商业同业公会干部小组检讨会议》1949年12月16日，上档，S118-4-12。
② 《上海市牛乳商业同业公会全体大会讨论会务》1949年12月22日，上档，S118-4-12。
③ 《牛乳商业同业公会会员紧急会议检讨卫生局所颁管理细则问题》1949年12月26日，上档，S118-4-12。

示,管理细则"是以帝国主义的条文为蓝本的,我们绝对不可以接受"。朱砚清认为,生奶煮沸,就是简化消毒的方法之一,何必要硬性注明呢,这无疑使人断绝生路。他们将管理细则的颁布,看成是卫生局负责人夏廉堂"抄袭旧日租界时代英文遗作"的结果,把矛头对准夏廉堂个人,认为他既非出身兽医,又非专业人才,在工部局任职时,就"帮助"工部局兽医"打压"小牧场,还和联谊会主席尢志迈"勾结",颁发多张 A 级执照给联谊会成员,只顾及大牧场利益,不顾小牧场生存。朱砚清甚至感叹:"我们的末日要到了,我们的生计要断绝了,我们要垮台了。"他呼吁大家,把这些苦衷向市长申诉。萧寿南紧接着就说,夏廉堂"不适宜做我们的领导者",他将夏廉堂比作封建时代的父母官,认为他作为租界和日本人的"爪牙",在人民政府时期,要受到人们指责,"人民主人有权攻击他",现在,"无论如何不能再束缚我们了,不能再枷锁我们了,不能再让他给我们吃苦了"。

其他会员也言辞尖锐地批评夏廉堂。因房屋卫生不合规则,导致经营场所被拆的康木生,就要求向政府控诉夏的做法,否则"这么下去,一定吃不下饭了"。曾顺康直接表示,无法负担管理细则,并指责卫生局主管人偏向联谊会,看重"剥削阶级",而不看重直接生产者。奚钧平说,这些规则是工部局旧规,不愿意遵守,要求控诉夏廉堂,"看他勉强的事做得好否"。在他提议下,全体赞成,一致举手通过,要求撤改管理规则,并举发夏廉堂的"劣迹"。萧寿南随后向大会宣读呈文内容,得到大家的同意后,所有人按照签到顺序,在呈文上签字盖章。曾经因私卖牛奶而被惩罚的大新牧场陶阿炳、东方牧场张金奎,都被看作是指证夏廉堂的证人。①

---

① 《牛乳商业同业公会干部小组会议讨论呈文内容事宜》1949 年 12 月 28 日、《上海市牛乳商业同业公会全体会员紧急会议 讨论呈文内容修改盖印事宜》1949 年 12 月 28 日,上档,S118-4-12。

二、合并风波

1949年前同业公会合并的事情就遭遇三次争执,虽然最终双方似乎已经形成"名义"上之合并,并开始交换彼此理监事名单,①但实际上两会仍然各自为政,无论是对内对外的称呼仍然沿用商业公会和联谊会的称呼。1949年10月,新成立的上海市工商联筹备会开始接收全市范围内的旧同业公会并进行整理和改造。②在工商联筹备会的催促下,两会曾先后三次商谈合作办法,但会议上多次发生言语冲突,和谈只能不了了之。③

1949年12月22日,牛乳场联谊会代表李伯龙、蓝以襄、黄文樵和石廷樑四人至商业公会参加会员大会再次进行洽商,希望双方能在工商联召开座谈会之前,先交换意见,解除误会,共谋同业发展。然而在大会发言中,联谊会代表石廷樑之语惹恼商业公会成员,认为他说的"翻身"一词有讽刺之意,商业公会秘书杨锦源立即"还击",指责联谊会成员因产量不够,向B、C级成员(多是商业公会成员)行奶,这种行为属于"剥削"性质。场面一度非常紧张,最后由商业公会理事长朱砚清和成员胡鹤卿出面缓解气氛。④

12月23日,在联谊会四位代表参与的商业公会干部小组会议上,联谊会代表李伯龙和商业公会理事长朱砚清都认为要放弃

---

① 《上海市牛乳场联合会三十八年度年会》1949年2月15日、《上海市牛乳场联谊会三十八年度第七次会员大会》1949年3月6日,上档,S118-1-3。
② 《上海市工商业联合会关于本市工商业同业公会组织概况的报告》,上档,C48-1-11。
③ 《上海牛乳场联合会第四十五次会员大会》1949年9月29日、《上海市牛乳场联合会第五十二次会员大会》、《上海市乳品同业公会会员大会、筹委会及临时会员大会等会议记录》,上档,S118-4-11。《上海市牛乳商业同业公会临时会议》1949年12月7日、《上海市牛乳业同业公会临时全体大会》1949年12月8日,上档,S118-4-12。
④ 《上海市牛乳商业同业公会全体大会讨论会务》1949年12月22日,上档,S118-4-12。

私见,团结一致,尽快成立公会。朱砚清进一步提出"大不吃小,小向大看"的愿望。①而后在12月25日的商业公会小组临时会议上,朱砚清提出要尽快进行两公会合并事宜,并期望两会团结。②但两会在业务上冲突甚久,所谓"团结"是有前提条件的,当前面临的就是如何在卫生局管理规则上保持一致。商业公会成员萧寿南就曾提出要取消等级之分,这样就能"彼此照顾",杨锦源也对此表示赞同;③12月23日的干部小组会议上,商业公会全体会员公决将牛奶分为A.T.T、A和新鲜牛奶,并决定取消在奶瓶上"生奶"字样。但在12月24日卫生局召开的修改规则会议时,他们所提要求被主管牛乳卫生的夏廉堂科长予以否决,且国营牧场代表也不赞同商业公会的修改意见。④此后,两会合并问题被暂搁。牛乳商业公会一再呈文请求卫生局取消等级之分,甚而撤改整个管理规则,并要求政府将夏廉堂撤职,甚至怀疑12月8日夏廉堂出席在工商联召开的两会合并商谈会,乃是当局偏袒联谊会的表现。⑤针对夏廉堂的"清算"再次引发了商业公会成员对联谊会的不满,合并工作也暂告停顿。

1950年4月,工商联筹备会再次着手整理两会纠纷,欲成立乳业同业公会筹备会,因此去函两会要求推选筹委。⑥联谊会方面

---

① 《上海市牛乳商业同业公会干部小组讨论会》1949年12月23日,上档,S118-4-12。
② 《上海市牛乳商业同业公会小组临时会议》1949年12月2日,上档,S118-4-12。
③ 《上海市牛乳商业同业公会全体大会讨论会务》1949年12月22日,上档,S118-4-12。
④ 《上海市牛乳商业同业公会小组临时会议》1949年12月25日,《牛乳商业同业公会会员紧急会议检讨卫生局所颁管理细则问题》1949年12月26日,上档,S118-4-12。
⑤ 《牛乳商业同业公会会员紧急会议检讨卫生局所管理细则问题》1949年12月26日,《牛乳商业同业公会干部小组会议讨论呈文内容事宜(第一届)》1949年12月28日,《上海市牛乳商业同业公会全体会员紧急会议讨论呈文内容修改盖印事宜》1949年12月29日,上档,S118-4-12。
⑥ 《牛乳商业公会召开同业全体大会会议讨论推选筹委名册》1950年4月24日,上档,S118-4-12。

认为这表明工商联已有合并办法。①商业公会也看出工商联想要重谈合并事宜,于5月19日的全体大会上由全体会员公决表示坚决不与联谊会合并,如不采纳他们的意见,则所递交之筹委名册无效。②"不合并"的态度又因为工商联筹备会修改了商业公会所提交的筹委人员名单而更加坚决,甚至引发了会员集体雇车赴工商联筹备会要求"公平处理"的情况。③

工商联筹备会不得不派员安抚,但工作人员的解答显然不能让商业公会成员满意。④在十五名筹委名额中,牛乳商业公会成员只占六名,其中有两名还是非正式会员,联谊会成员人数虽少,却占据一半以上名额,甚至占据公会主任和第二、第五副主任的职位,使得商业公会成员更加担心一旦成立新公会后,会务将被联谊会成员把持。此外,商业公会成员反对在新筹委名称中增添"工业"二字,认为不符合行业实际情况,加上此前就一再申述的反对消毒和等级。最后,这一切的不满都使得商业公会成员认为政府这种"不合理"行为是在"偏袒"联谊会,并作出决定:如要合并,非得让联谊会先检讨过去所作所为。⑤

---

① 《上海市牛乳场联合会第六十五次会员大会》1950年5月15日,上档,S118-4-12。
② 《牛乳商业公会全体推选筹委事》1950年5月19日,上档,S118-4-12。
③ 《民主评议委员会召开市区全体大会》1950年6月15日,《本公会召开被选筹委十名座谈会》1950年6月20日,《本公会紧急召开全体大会讨论筹备整理会议》1950年6月21日,《本公会紧急召开全体会员大会讨论筹备整理事宜》1950年6月22日,上档,S118-4-12。
④ 《本公会紧急召开全体会员大会讨论筹备整理事宜》1950年6月22日,上档,S118-4-12。《上海市牛乳商业同业公会关于送上各方对公会与俱乐性质的联谊会归并问题的意见的函》1950年6月28日,《上海市工商业联合会关于牛乳乳品两业合并组织经过的有关文书》,上档,C48-2-220。
⑤ 《上海市牛乳商业同业公会关于送上各方对公会与俱乐性质的联谊会归并问题的意见的函》1950年6月28日,上档,C48-2-220。《牛乳商业公会在新华牧场召开临时全体大会》1950年7月8日,《本公会召开浦东会员大会讨论筹备整理及会务事宜会议》1950年7月9日,上档,S118-4-12。

就在商业公会商议集体上书工商联筹备会,申明反对合并的同时,乳品工业同业公会筹备会已经在工商联筹备会辅导下登记筹组,并于7月5日召开了第一次筹备会议。①但政府对于商业公会的申诉一直没有回应,②直到8月15日,商业公会派出代表去工商联请愿,申明与联谊会"仇源较重、裂隙太深,不愿合并",③工商联采取安抚手段,没有着手解决问题。8月24日,商业公会再次派代表至工商联筹备会表示坚决不愿合并,④使得工商联筹备会只能于9月1日召开座谈会。⑤出人意料的是,在此次座谈会中联谊会代表中有人表达了不愿合并的想法,让工商联工作人员和商业公会成员皆感意外。⑥

在这种情况下,商业公会成员更加不愿意合并。11月初,商业公会成员萧寿南和曾顺康写信给《新闻日报》"诉苦",主要针对卫生局新公布的乳品纸罩规定,包括不满工商联让其与联谊会合

---

① 《牛乳场联合会第六十八次会员大会》1950年6月29日、《乳品工业同业公会筹备会委员会第一次会议》1950年7月5日、《牛乳场联合会第六十九次会员大会》1950年7月14日,上档,S118-4-11。

② 《本公会召开干部全体人员讨论一切会务事宜会议》1950年7月16日、《本公会召开全体干部小组会议讨论会务事》1950年7月23日、《本公会召开全体会员大会紧急会议》1950年7月31日,上档,S118-4-12。

③ 《本会召开全体会员大会讨论卫生局管理及工商联筹备事宜》1950年8月15日,上档,S118-4-12,第197—200页。

④ 《本公会召开各区代表出席请愿工商联及财务处理接收事宜》1950年8月24日,上档,S118-4-12。

⑤ 《本公会全体会员大会讨论筹备整理事宜》1950年8月27日、《上海市乳品业同业公会(前牛乳商业同业工会)会议纪录》,上档,S118-4-13。8月24日至工商联的请愿经过和具体内容没有详细记录,从档案上下文推断,此次会谈可能仍然使商业公会不满意,否则就不会有之后的再次会谈(《上海市牛乳商业同业公会关于牛乳场整理问题座谈会的会议记录》1950年9月1日,上档,C48-2-220)。

⑥ 《上海市牛乳商业同业公会关于牛乳场整理问题座谈会的会议记录》1950年9月1日,上档,C48-2-220。《牛乳场第七十三次会员大会》1950年9月9日,上档,S118-4-11。《本公会召集全体会员大会讨论会务一并进行事宜会议》1950年9月13日,上档,S118-4-13。

并的行为。①1950年10月10日,上海市人民政府卫生局公布《乳品纸罩统一标准式样与实施办法》,第三条规定"现存不合规定的旧纸罩,各牧场应即申报存量及预计用完日期暂准继续使用,惟须于旧纸罩上加盖'等级''品质'及'请煮沸后饮用'等字样的印戳,否则,一经查获决予没收"。但卫生局发现,不少牧场"意存观望,延不遵行者亦复不少"。②

11月13日,商业公会再次以集体名义写信给《新闻日报》,除认为合并将造成"黯淡前途与危机"外,再次指出卫生局"过分强调消毒与等级"和"行奶"导致的价格差将"扼杀"同业生计。③《新闻日报》并没有刊登这些来信,而是转交给工商联筹备会请示处理。工商联筹备会组织处根据工作人员顾宝瑾的报告,认为商业公会所谓之"经营方式绝不相同"并不符合事实,坚持"一业一组织之原则"。④不过,此后工商联并没有明确公函指示商业公会与联谊会强行合并,两会分立状态仍然存在。⑤

尽管这起合并纠纷不能马上解决,但是新公会已经成立,并开始以行业代表的身份参与政府组织的各项活动。1951年2月15日,商业公会主席朱砚清应邀出席在南京路冠生园举办的"抗美援朝保家卫国游行"聚餐联欢会,他发现代表证的名称上写着"乳品工业同业公会",可见新公会已开始运行其职能且被政府部门

---

① 《新闻日报社会服务组编辑部关于转送读者对牛乳商业公会组织问题原函希处理的函》1950年11月6日,上档,C48-2-220。此公文日期为11月6日,根据档案内容推测,写信日期至少不晚于11月3日。

② 《关于乳品纸罩统一式样与实施办法等事项》1950年12月9日,《市卫生局关于医药卫生管理与私人诊疗饮食业卫生管理许可证处理规定及本区开业专科医师调查表》,黄浦区档案馆藏,12-2-885。

③ 《新闻日报社会服务组编辑部关于读者询问工会组织问题请早日答复的函》,上档,C48-2-220。

④ 《上海市工商业联合会筹备组织处关于牛乳业合并组织问题的函》1950年11月21日,C48-2-220。

⑤ 《本公会召开紧急全体大会会议》1950年11月30日,上档,S118-4-13。

所认同。最后，商业公会只能退出此次游行活动以示抗议。①

不过，新公会成员毕竟只有29家，多为原联谊会成员。全市非会员单位达到109家，多为商业公会成员。②为促使两会尽快"结婚"，工商联筹备会派员调查两会对合并问题的看法。

调查报告显示，联谊会听从上级安排，无所谓合并与否；而商业公会之所以反对合并，最主要的原因就在于拆奶问题上的争议。商业同业公会认为自身的会员单位超过联谊会三倍，所提供的牛乳产量，占全市四分之三以上，是一种"直接畜牧"的事业，应该保持其独立性。而且，在他们看来，A级将牛奶消毒处理，仅仅是一种简单的加工，可售价却高达B级三五倍左右，B级大约为每磅人民币1750元，A级每磅可达5000元。据此，A级方面故意将生奶价格压低，是对B级的"剥削"，况且，他们还以北京、青岛等地为例，称生奶未经消毒，消费者饮用后也没有生病。如果一定要消毒后饮用，则价格上涨，未必适合大众消费能力，反而影响行业发展。此外，他们还不赞同采用"乳品工业"名称。

调查人员认为除价格问题要做成本调查外，其他问题都可解决。不过，调查人员认为，即使B级成员声称自己每磅只能卖1750元，也是有利可图的，否则"何必要卖"。而对消毒一事，调查者在报告中坚称，所谓"牛奶未经消毒而没有生病"这一点，完全是错误的看法，牛奶中存有各种细菌，尤其是结核菌，关于这点，是"起码的常识"，可见B级成员的说法有欠考虑。③

1951年4月28日，商业公会再度召开会员大会讨论合并问

---

① 《本公会召开全体会员紧急会议》1951年2月17日，上档，S118-4-13。
② 《各业同业公会会员户数统计表》1951年10月28日，《上海市各业同业公会会员户数统计及各业公会会员分布各行政区占位明细表》，上档，C48-1-30。此数字还不包括未登记之牧场及下奶户成员。
③ 《陈重明、刘亚英关于乳品工业公会甲乙级会员不能合作的报告》1951年1月15日，《梁祖谦关于乳品业A级、B级存在问题的报告》1951年3月7日，上档，C48-2-220。

题。此次会议先由工商联筹备会工作人员陈俊致词,他说明会议目的在于"打通思想""统一组织"。然后由商业公会各区代表发言。现场讨论十分热烈,会员们纷纷起立发表意见,多认为自己与联谊会成员业务冲突,营业对立,而且存在历史矛盾,颇为担心合并后受到对方打压。而陈俊之答复则认为,统一组织之后就是消灭这种矛盾,也不存在受打压的情形。①5月18日,商业公会召开浦东区会员大会,会员们纷纷发表意见,认为过去被联谊会"打压",如果合并,则仍要受"压迫",出席会议的工商联筹备会代表,努力安抚商业公会成员,强调在新政府之下,消毒可以为人民大众服务。结果此次会议中,29家成员赞同合并并表示"以后愿与工商联协商一切"。②

5月21日,商业公会召开市区西南、西北、南区会员大会,工商联代表单子云一再强调,合并不是"谁与谁并",况且合并后,"对B级是有利可图的"。但还是有会员对消毒等级的保留表示质疑,认为只有"除去等级,才能进展"。最后举手表决时,27家会员主张合并者无,主张不合并者亦无;不同意合并者也无人举手,会议以同意通过合并。③5月23日,在闸北、沪东和西北区会议中,会员们则纷纷发言说明过去与联谊会有矛盾,而且业务不同,立场不同,"何必合并",甚至质问,联谊会是不合法的,如今却能成立乳品工业筹备会,是否有政府偏袒。也有会员提到,筹备会工作人员刘仁初,曾担任租界乳品检验员,当时曾受其"敲诈",担心一旦合并后,恐再受其"勒索"。④由于会员不愿在没有协商处理过去摩

---

① 《本公会召开全体会员紧急讨论公会组织问题会大会》1951年4月28日,上档,S118-4-13。
② 《本公会召开浦东区全体会员征询大会组织问题会》1951年5月18日,上档,S118-4-13。
③ 《本公会召开西南 西北 南 各区会员当众征询公会组织问题》1951年5月21日,上档,S118-4-13。
④ 《本公会召开闸北、沪东、西北三区全体会议征询会员意见会议》1951年5月23日,上档,S118-4-13。

擦的情况下合并,而工商联代表单子云则不同意分立两会,声明只有先同意合并组织才能协商,会议讨论到最后也没有定局,故于两日后再次召开会议,在最后的表决中,仍只有三人赞同合并,但主张不合并者亦无人举手,最后还是以同意通过合并。①至此,商业公会成员以一种不情愿的态度默许了与联谊会的合并。

三、成立新公会

两会合并既已势在必行,接下来就是制定筹委名单,工商联筹备会也在着手调查两会人事关系,以选定合适的筹委委员。

工商联方面早就属意让李伯龙来担任新公会的领导者,李氏是联谊会主席,源生牧场经理,民主建国会成员,曾参加过1950年上海市人民代表大会,1949年前参加过中共外围组织蚁社,当时还是工商联执行委员。②对于商业公会领导人朱砚清,工商联调查人员认为他"思想落后""把持会务",是合并问题不能解决的主要原因。在向工商联提交的报告中,调查者指责其对合并问题,采取"不理"态度,在工商联成立大会时拒绝出席并将出席证退还,并挑动成员抵制合并,对此,应当"打击乙级公会旧理事长使其丧失威信,或能助甲乙两级公会合并也"。③

此后,两会经会员大会选举,产生了27名备选筹委,其中联谊会推选了12名,商业公会推选了15名,再由工商联向卫生局、国营牧场和各区有关部门征询意见,做全面了解。在1951年6月拟定的参考名单中,甲级以李伯龙为首,有6名,分别是:李伯龙、黄文樵、奚钧平、尤志迈、马少聪和苏经森。乙级方面,有7名:萧寿

---

① 《本公会再行召开 沪东、闸北、西北 三区当众征询组织问题会议》1951年5月25日,上档,S118-4-13。

② 《李伯龙履历表》1950年10月,《上海市第二届第一次各界人民代表会议履历表》,上档,L1-2-7。

③ 《陈重明、刘亚英关于牛乳工及牛乳商合并问题的报告》1951年4月5日,上档,C48-2-220。

南、滕凤声、徐根涛、顾海涛、张道生、龚海泉和姚方琦。另外,还包括两名国营厂的代表:上海牛乳场的刘仁富和益民食品厂的严琦。作为商业公会主席的朱砚清没有出现在名单中。①

综合意见主要考虑行业内威望、群众基础、业务水平和政治认识。一般优先考虑群众基础。如乙级里徐根涛、顾海涛、滕凤声都是表现积极,在业内起一定作用,被视为"灵魂人物"。顾海涛虽然文化水平低,但群众基础很好;姚方琦,虽然"有些自高自大",但很有群众基础。而同样表现积极、文化水平较高、政治认识较清楚的丁伟忠,却因为在业内表现不积极、群众基础较差而被排除在筹委名单外。又如,甲级推选名单中的瞿云龙和蓝以襄都是联谊会中的积极分子。但是卫生局认为瞿云龙有地痞流氓作风,当地居民对其印象很差;对蓝以襄则一致认为其将私人利益看得太重,国营牧场直接建议"最好不要把他选入"。而同样有些"流氓"和"旧商人"作风的黄文樵,在国营牧场、卫生局和区工商联及税务局看来,因其有群众基础,对区内公益事业,颇为热心,表现算"尚好"。②

在这次推选过程中,考虑到合并事宜的复杂性,工商联要求对乙级牧场照顾得"全面"些,考虑可以争取的对象。以萧寿南为例,此人原本并未被商业公会会员推选,而是由工商联饮食组工作人员把他单独提名出来,其理由主要有以下几点:萧本人有些群众基础,对会务奔走颇为热心,有些领导能力,是可以争取的对象。此次未被商业公会成员提名的原因,是因为商业公会杨秘书和萧寿南本人都以为工商联对商业公会一些"老人"不满,应当换一批新的积极分子,事实上工商联并未这么想过,反而是从一开始就很想争取萧寿南参加筹委会。工商联工作人员认为商业公会成员对

---

①② 《陆宗德关于了解乳品业(乙级)名单的报告》1951年6月18日,上档,C48-2-220。

联谊会有很多思想顾虑,对于合并后的协商和业务矛盾的解决,寄予很大希望,如果筹委代表性格不是很"积极",那么会员们的思想上会有顾虑。再者,商业公会成员们多文化水平低,思想单纯,如果能将萧寿南聘为筹委,一方面可以通过他来"控制"一些落后分子,另一方面,也证明了工商联"对真正落后的顽固分子,是打击的,对一些有群众基础,可以争取的,还是照顾的"。①

这份筹委名单在汇报给上级部门后,又重新做了调整,这次从会务工作方面考虑较多。苏经森和马少聪虽有群众基础,但还是因"对会务不关心,很少联系"而以杨竹卿和蓝以襄代替,蓝虽然此前被认为群众基础差,但因其对会务工作颇多协助,工作起来"不苟且敷衍",再加上其"尚有群众威信",也就纳入筹委名单;杨竹卿也是因为其在民评时,担任查账队长,工作认真负责,表现尚好,虽然群众基础差,有时表现出个人英雄主义,但还是将其列入筹委名单。在此之外,工商联还参考了个人"历史",如尤志迈因其曾在日伪时期担任过伪职,而替换以同场的尤敦恕;姚方琦参加过国民党分党委,加之最近不来公会,很少联系,就将他撤换下来。至于工商联极力想争取的萧寿南,因为他本人不愿参加,工商联也不能勉强,将此看成是"乙级会员一大损失"。②

最后,筹委名单定为:李伯龙、黄文樵、奚钧平、蓝以襄、尤敦恕、杨竹卿、张道生、徐根涛、顾海涛、龚海泉、徐云龙、张信奎、李葆樑、刘仁富和严琦。前六位为原联谊会成员,最后两位是国营方面代表,其余为原商业公会成员。在这其中,又选定以李伯龙为主委,刘仁富、张道生、黄文樵和徐根涛为副主委。③

在筹备过程中,两公会和有关部门召开协商会议,主要讨论公

---

① 《报告了解乳品业人选经过》1951年6月18日,上档,C48-2-220。
② 《单子云关于乳品业合并组织的报告》1951年9月17日,上档,C48-2-220。
③ 《乳品业公筹会之假定名单》1951年9月17日,上档,C482-2-220。

会名称问题和牛奶等级问题。①

对于"乳品工业"的名称。原本联谊会要将新公会冠以"工业"名称,是因为他们得到消息说如果列入工业生产部门,将得到政府照顾,税收和电力方面亦会有所优惠。而商业公会成员认为自己属于农业性质,与工业无关。在会议讨论中,农林部、工商局等有关代表,认为目前情况下,乳品业尚不够"工业"的资格。②在1951年7月的第一次协商座谈会上,乳品业筹备会、国营上海牛奶厂、卫生局、益民食品厂、华东农林部、工商局和工商联都派代表出席。虽然乳业筹备会希望,参照其他先进国家命名方式,结合本业发展方向,还是保留"工"字为善。但牛乳商业代表随即提出,大部分会员没有消毒设备,不够工业条件,如果有"工"字,唯恐将来会被淘汰。工商联则考虑到合并后的"团结"问题,同意后者的要求,取消名称中的"工"字。农林部则表示,目前该行业内还有商业性质,也不适合称为"工业"。最后,会议决定,还是取消"工"字。

牛奶等级问题一直是争论焦点。在第一次协商会议时,讨论结果就是消毒牛奶是必然的趋势,政府考虑以联营方式,帮助小牧场生产消毒牛奶,也考虑设立消毒站,现出于经济问题,尚未展开。在两会合并的问题上,希望两会尽早合并,对改良技术,发展生产,有很大的帮助。③第二次协商会议中,商业公会代表希望牛奶不应分甲乙等级,而改为"消毒奶"与"生奶"两种。对此,卫生局代表

---

① 《上海市工商业联合会关于乳品业组织问题协商会议记录》1951年7月21日,上档,C48-2-220。

② 《上海牛乳场联合会第三十二次会员大会》1949年6月15日、《上海市牛乳场联合会第六十一次会员大会》1950年3月31日,上档,S118-4-11。《牛乳商业公会第二十一届干部小组会议》1950年5月16日,上档,S118-4-12。《上海市工商业联合会关于乳品业组织问题协商会议记录》1951年7月21日,上档,C48-2-220。

③ 《上海市牛乳商业同业公会乳品业组织问题座谈会议记录》1951年7月6日,上档,C48-2-220。

坚持原规定之等级："完全有科学的根据,按照科学的标准",并声称,"即使同样的消毒牛奶或生奶,因其牛种、所含细菌多寡,牧场管理方法,消毒设备之不同,在品质上也有区别",而且还要考虑到某一等级的牧场,经检验不合格时,要予以降级处分,如果废除等级后,牛奶品质就无法分辨了,牧场改良和改善消毒的奖励措施也没有了。农林部则支持卫生局的说法,称"等级实为科学技术标准问题"。最后,这个问题因要考虑成本等各种复杂因素,会议决定由乙级代表书面收集资料后,再行协商。①

最后,在上海市工商联筹备会的指示下,1952年2月1日,新公会改名为"上海乳品业同业公会",②成为"政府向私营企业贯彻政策的助手"。③

小　　结

从20世纪20年代以来,牛奶必须消毒后食用,不但是一种卫生知识,也是一种卫生制度。消毒制度本身也促使行业内部生产发生分化,逐渐形成了两大利益集团。一个是拥有消毒设备,生产A.T.T及A级产品为主的联谊会;另一个则是生产生奶为主的商业公会。尽管联谊会在1923年就已经成立,但由于未在民国政府体制中登记为合法同业公会,因此在1946年时被商业公会抢得先机,于上海市社会局登记为合法团体。在1949年前的纠纷中,社会局也明显倾向于劝说联谊会成员取消组织,合并于商业公会。而1949年后,人民政府成立,纠纷调处情形又发生逆转,新政权实

---

① 《上海市工商业联合会关于乳品业组织问题协商会议记录》1951年7月21日,上档,C48-2-220。
② 《上海市工商业联合会致上海市乳品工业同业公会》1952年,《上海市乳品业同业公会关于筹委会成立、筹委聘书及更正会名等文书》,上档,S118-4-7。
③ 王毓峰、沈延成:《上海市牛乳业发展史》,《上海畜牧兽医通讯》1984年第6期,第13页。

第六章 延续与争论:近代上海乳业制度与同业公会

际承认以原联谊会组成的乳品工业筹备会为正式合法组织。无论政府认可何者,其合法性与代表性都无法得到同业内另一方的认可。

可见,消毒制度的确立,并不是一个顺理成章、水到渠成的过程,必然会在"本地化"过程中对市场形成影响,并引起从业商人为争夺奶源和原料定价问题而互相倾轧。而前文所述"一业两公会"的对峙,也正是这种利益纠纷的外显。政府面对两个公会的态度,基本出发点无非是二选一,为了照顾生产而降低标准,抑或沿用之前的制度以保障牛奶的品质。

尤其是对于1949年后新生的人民政府而言,此前乳业制度都是在两个租界时期和民国政府的基础上建立并逐步完善的。如果新政权否认旧政权的合法性,那么这些制度是否还要沿用呢?这也多次作为商业公会呈文时申诉的理由,认为"行奶"是一种"剥削",应当废除等级制度。对于乙级会员来说,他们并非不认可消毒,也不是不愿消毒,而是无力承担消毒成本。[①]在他们看来,因消毒而产生等级,因等级而产生价格差,价格差就是一种"超经济剥削"[②]。所谓"剥削",也就是他们借助新的政治话语,来为自己争取更多的经济利益。他们多次反对卫生局的规定和标准,是为了维护自己的利益。如反对在执照上标注"生奶"字样和取消牛奶等级,包括要求延期半年执行纸罩标准等,无非是怕影响销路。[③]不过人民政府显然更倾向于保留过去的卫生行政制度,仍将消毒

[①] 在萧寿南给《新闻报》的信中也承认"管理政策必须兼顾生产、贩卖与消费三方面利益"。《新闻日报社会服务组编辑部关于转送读者对牛乳商业公会组织问题原函希处理的函》1950年11月3日,上档,C48-2-220。

[②] 这个词第一次被提出是在1950年11月初,萧寿南等写信致《新闻报》,即指"行奶"。《新闻日报社会服务组编辑部关于转送读者对牛乳商业公会组织问题原函希处理的函》1950年11月3日,上档,C48-2-220。

[③] 《本公会召集浦东区会员大会讨论筹备整理事宜会议》1950年8月29日,上档,S118-4-13。

和等级列入新的乳业管理中,甚至比过去的卫生规则更为"严苛",这引起商业公会成员的不满,但可能是出于对政府权威的顾忌,才不得不以一种不反对不同意的姿态,默认"合并"的事实。

在这场纠纷中,人事问题亦成为解决纠纷的关键。首先,人事问题是和"政治正确"联系在一起的。从1949年前商业公会指责联谊会的"汉奸"嫌疑到1949年后对卫生局工作人员的指责时所使用的"压迫"和"剥削",都表示商人非常善于运用不同的政治话语来营造自身的生存空间。其次,人事问题其实是一种"历史遗留"和"现实利益"的产物。无论是面临指责的夏廉堂、刘仁初、舒树培,甚至是工商联筹备会,都是因为其影响到商业公会成员的实际利益。如前三者是因为在租界担任卫生行政官员时,被怀疑有勒索小牧场嫌疑,①使得商业公会成员在考虑合并时担心自己将再次受到"压迫",故而不愿意合并。而后者则因为筹委名额分配的关系,使得乙级会员感觉"不公",又得知联谊会会长李伯龙为民主党派人士,进而怀疑政府对联谊会有所"偏袒"。②

从政府角度而言,即便要从经济发展和卫生安全等角度,考虑解决行业问题,但在实际操作过程中却是通过具体的人来运作。对于何人可以担当行业领导者,在人民政府负责人看来,除了此人必须在业内"积极公正"之外,还要从"公债之认购、推动、及交款表上吸收"。而所谓"积极公正",亦要从"本会之调查及反复询问"中产生。在工商联负责此事的工作人员眼中"牛乳商公会水

---

① 1946年,舒叔培曾被指控担任伪职(《上海市卫生局关于舒叔培被控任伪职案》,上档,Q400-1-13),刘仁初可能在1949年前担任卫生处职员时有过勒索行为(参见第四章中对夏廉堂的指控),但是这两个案件最后都以证据不足,无法立案调查。陈柏生、余树川和徐跟涛都参与指控,但是否确有其事值得商榷。朱砚清对夏廉堂的指责很可能与夏曾经拒绝给其颁发丙等执照有关。商业公会成员对其的不满主要是由于1949年上海市牛乳业管理规则草案,参见前文。

② 《本公会召开闸北、沪东、西北三区全体会议征询会员意见会议》1951年5月23日,上档,S118-4-13。

准较低,设备简陋,品质不佳"①,会员中,如商业公会杨秘书等"主观太强,内在原因是顾虑本人地位和饭碗的问题""会员文化程度低,多受摆布"、②会长朱砚清"思想落后、把持会务",③相比之下,联谊会"现会长李伯龙为一蓄植专家,有功业,有远见,能把握政府发展整个乳品工业级蓄植产业之政策,故能领导同业组织剔除经营商之困难,并在产品品质及产销亦求进步"。④之后在筹委名单中也将其列为会长的首要人选。这也就难怪商业公会成员产生政府偏袒联谊会的想法。

---

① 《上海市乳品业同业公会》1950年5月9日,《上海市各同业公会填报的推动整理工作报告及筹委履历表》,上档,C48-2-38。
② 《梁祖谦关于乳品业A级、B级存在问题的报告》1951年3月7日,上档,C48-2-220。
③ 《陈重明、刘亚英关于牛乳工及牛乳商合并问题的报告》1951年4月5日,上档,C48-2-220。
④ 《上海市乳品业同业公会》1950年5月9日,《上海市各同业公会填报的推动整理工作报告及筹委履历表》,上档,C48-2-38。

结　　语

　　中国人食用乳制品有着悠久的历史。但乳品业却是一个兴起于百年前的新产业。从19世纪后期开始,中外商人在上海兴办牧场,饲养乳牛,尔后牛奶进入市场流通,成为产业化经营的消费品。随之而来的是市政当局对乳业的管理,在颁布的各项管理规则中,都包括牛只防疫、规定经营场所建筑标准、定义产品和运送贩卖的具体要求,并且越来越细化和严格。

　　一、防疫视角下的牛奶制度

　　在近代中国,食品卫生管理一直处于卫生立法中的边缘地带。整个民国时期,全国卫生法规中,只有1928年颁布的《牛乳营业取缔规则》是直接与乳业有关的法规。从20世纪30年代以后,各地根据本地情况,制定地方性法规以作为补充,各城市也建立了相关的管理细则。其中,上海公共租界工部局无疑起着示范和领导作用,其为乳制品建立的化学成分标准和细菌标准,直至今日也是乳品制度中的核心内容。

　　晚清以来,上海地区频繁爆发的牛瘟,促使市政当局建立了以防疫为主的卫生体系。公共租界工部局从保障健康的角度出发,提出了人、畜、奶分离的卫生准则,并为符合卫生规范的牛奶场颁发执照。建构执照规则的过程中,工部局建立了一种新的卫生行政秩序,扩张了权力的范围。此后,工部局进一步建立了化学分析为主的抽检制度,通过检验牛奶样品,判断成分有无掺假,实施卫生处罚,制定牛奶标准。

这些制度性设想并非"从天而降",而是基于19世纪以来西方医学的基础,也参考了欧美城市的相关制度和标准。上海本地牛奶掺假现象日趋严重,使侨民们担心饮食安全;微生物知识的传播,让人们意识到细菌的可怕,牛奶问题被提上租界当局的议程。1923年至1930年建立的纯净牛奶委员会,建立了新的执照等级制度,工部局借此规范市场,指明消毒是确保牛奶安全至关重要的步骤,从而加入牛奶加工规范,成为等级制度的一部分。等级制在抗战胜利后,被上海市卫生局重新制定牛乳场设备及管理标准时沿用,规定视设备及管理状况,核定等级,由卫生局发给许可证。

在1930年到1937年间,结核病的威胁又促使工部局对租界内牛奶实行强制消毒,并设立A.T.T牛奶,生奶被严禁直接饮用。沦陷时期的日伪上海市政府和战后国民政府上海市卫生局,都沿用了之前工部局的规定。"生奶必须煮沸",已经成为牛奶制度中最重要的一点,被严格执行。这项规定,也通过报刊广告被渲染成一种常识,"完全消毒的牛奶乃是一种纯正的食品"。[1]这种看法不仅只反映在报刊舆论上,也体现在价格上。未经消毒的牛奶只能作为一种生产原料,鲜奶必须消毒,巴氏法成为消毒的原则,牛奶必须经过高压蒸汽消毒后再经机械自动装瓶。工部局严格的卫生要求,促使上海大多数牛奶场完善设备,至20世纪30年代时,多数牛奶场都会配备盖瓶机和奶瓶消毒机。[2]

二、塑造中国的乳品消费

晚清以前,上海本地虽然没有喝牛奶的习惯,但随着开埠后外侨的增多,他们喝牛奶的习惯使瓶装牛奶成为商品,开始出现在市场上。利益驱使下,越来越多的农民和商人参与到这项生意中,开始专业经营,一个商业化市场逐渐形成。

---

[1] 《饮食:健康的钥匙》,《时兆月报》1947年第32期,第9页。
[2] 钟荣洲:《上海牛乳业之概观》,《农声月刊》1936年第203期,第9页。

对于近代牛奶厂商来说,创造中国的乳制品市场需要对乳制品形象进行新的建构。在这其中,除了农学专家的专业论述外,报刊上介绍的各种普及知识和各大厂商的广告话语也有着不容忽视的作用。

广告中试图建构一种完美的话语来推销乳制品。传统中医已经论证了牛奶滋补健身的作用,广告话语中纷纷以气血观念强调它是一种补身佳品。在20世纪初,牛奶因其西方化、现代化的面貌,代表着营养、科学、卫生,还意味着新的生活方式。当时流行的社会达尔文式的话语,被运用在乳业推广中,吴信法曾在所著教科书开篇处写道,"适者生存是天演的规律",①强烈突出牛奶与进化求存的关系,喝牛奶象征着民族的希望,在强种救国话语的关照下,喝牛奶就不再是一件私人的饮食享受,而是贯彻身体国家化的表现。

在以上话语的推动下,牛奶哺育的兴起,成为母乳喂养方式之外最重要的替代方案,而奶粉和炼乳又在此基础上推波助澜,为乳业发展带来了契机。

代乳品市场上,洋货很早就占领了市场。以雀巢为例,挟雄厚资金,以多样的营销手段,迎合本地消费者习惯,使产品在市场上具有很高知名度。在鲜奶市场上,也是同样的情况,外商无论是从资金、规模、销售形式都比华商略胜一筹。可的公司拥有最多的奶牛,最良好的卫生情况,历史悠久,深得消费者信赖。

华商在外商占据优势的情况下,一方面,他们效仿洋商的某些经营方式;另一方面,他们都选择以民族主义话语打动顾客。但他们始终无法撼动进口乳制品的市场地位,即使吴百亨赢得了商标案的胜利,鹰牌仍然是中国人购买炼奶的首选。进口乳制品问题在抗战胜利后引发乳业危机,其作为救济品大量输入中国,又从走

---

① 吴信法:《牛乳及其制品·自序》,正中书局1937年版。

私等其他途径进入市场,给本地鲜奶市场带来极大的打击。

三、经济利益与制度施行

制度是要靠执行来落实的。无论多么看似完美的制度,执行力或可操作性不强,都会流于形式,在执行过程中,就会遇到各种"阻力"。上海鲜奶市场上,一直存在"水乳交融"的现象。商人在牛奶中掺水已成为行业陋习,以至于报纸上曾出现过一个笑话,儿子问父亲为什么在牛奶中掺水,父亲回答,他是把牛奶加到水里。①在掺假外,无照经营也成为工部局感到棘手的问题,为此特别设立牛奶委员会,但是要根本禁绝无照牛奶流入租界,是很难实现的。有些拥有执照的乳场,直接购买无照者的牛奶,再出售给顾客。如1935年,工部局就发现某牧场每日购买的无照牛奶有200磅至250磅,并直接运送至某著名医院。②会审公廨每年处理多起无照经营和掺假的案子,却仍无效果。究其原因,主要是无照牛奶便宜且违法成本太低,惩罚没有威慑力。

在制度实行的过程中,矛盾和冲突是不可避免的。工部局将牛奶纳入卫生稽查员和兽医的检查范畴后,随之而来的就是商人们和稽查员之间的摩擦。作为制度实施者的稽查员,并不能保证每次行使权力的过程中,都是公平公正的,牛奶商也在追逐利润的过程中,难免有不合法行为。工部局卫生处长曾在1940年接到联谊会代表们的投诉,称某卫生稽查员对中国人"态度很差",带有某种轻蔑。而稽查员则回应称,以前的职员太过松懈,况且这些指控者中的多数,是因为被检查出不合卫生标准,含恨于他。③彼此之间的矛盾在公会争论中也得到体现。

---

① 《水搀牛奶》,《十日谈》1933年第2期,第16页。
② Unlicensed Milk, Annual Report of the Shanghai Municipal Council 1935,上档,U1-1-948。
③ Meeting with Chinese Dairies Licenese, 1940年6月6日,《上海公共租界工部局卫生处关于牛奶场行政管理及卫生监督等文件》,上档,U1-16-1719。

这些矛盾的实质,就是制度对市场形成了强大的影响,导致行业内生产商的分流,聚集成不同的利益群体。丙等执照颁发后,行业内形成了两个同业公会,彼此为了奶价和消毒问题,互相倾轧,形成两个公会对峙的局面。代表小牧场利益的商业同业公会始终认为政府应当先扶植生产,应废除租界时期实行的等级制度;代表甲等乳场利益的联谊会则认为,消毒事关人民健康和公众利益,等级制度事关牛奶卫生标准,不可废除。这场纠纷从1946年争论到1952年结束,无论是抗战胜利后的上海市卫生局,还是1949年后成立的上海市乳肉管理所,都坚持维护等级制度,并贯彻牛奶消毒。这种严格执行和强势的态度,成为一种底线般的存在,使消毒牛奶成为行业主流,并在消费者心目中树立了牢不可破的形象。

从同业公会的争论中,可以看出制度的建立,也是多方参与和博弈的结果。自工部局制定牛奶执照起,就必须取得法租界和华界的合作,才能使卫生监督权有效实施。之后的各项标准和条规,也都是经过租界内部多次讨论,各方都从利益角度出发,侨民们自然是希望有安全的牛奶饮用,故积极推进严格的卫生制度;而可的公司等乳场,多以经济利润为考量,遂反对施行A.T.T标准。在建设市政统一的牛奶机构问题上,虽能获得厂商和公众的一致同意,却始终无法实现这一庞大的构想。日伪上海市政府和国民政府上海市卫生局,也都设想过将牛奶集中消毒,并召集行业成员讨论实行办法,却终因战争等因素,而无法付诸实现。直到1956年上海市人民政府通过公私合营方式统一牛奶市场,此后上海所有大小牧场和加工企业,都在上海市牛奶公司的统领下,农民的牛奶都交给收奶站,由收奶站统一收取后经过工厂消毒杀菌后出售,才看似解决了1949年前市场上存在的生奶问题。①

---

① 宋维俊:《上海乳牛业十年变化》,《上海畜牧兽医通讯》1959年第4期,第148—150页。

牛奶是一项事关民众健康的事业，牛奶制度应以保障公众安全为前提。经济利益使得制度的实施，波折不断。政府在其中必须扮演平衡的角色，但最终还是应站在最广大人民的角度考虑制度的施行。

总之，前文各章的探讨，可以归纳为，在近代上海，以市政当局为主体的卫生机构，初步建立了一套从防疫角度出发，以化学检验为核心，适应于上海地方的牛奶行业制度。这套制度在规范市场秩序的同时，受到行业内利益群体的影响，曾有过摇摆，但最终，仍确立了消毒牛奶在市场上的主导地位，并影响至今。

参 考 文 献

一、未刊档案
（一）上海市档案馆
上海公共租界工部局年报　U1-1-876~972.
上海市公共租界工部局总办处档案　U1-2；U1-3 等.
上海市公共租界工部局卫生处档案　U1-16 等.
上海市法租界公董局档案　U38-1，U38-5 等.
日伪上海特别市卫生局档案　R50-1 等.
国民政府上海特别市卫生局档案　Q400-1 等.
生生牧场档案　Q89-1 等.
上海商业储蓄银行牛奶市场调查　Q275-1-2007.
上海乳品业同业公会档案　S118-1，S118-3，S118-4 等.
上海市工商业联合会档案　C48-2-220.
（二）上海市黄浦区档案馆
上海市嵩山区人民委员会卫生科 12-2-885.
（三）上海图书馆
《上海工部局医官造卫生清册》,民国元年、民国三年、民国十一年、民国十六年.
（四）上海市工商联资料室
《同业公会档案整理报告》《上海乳品二厂》.

二、报纸杂志
《申报》、《字林西报》(*North China Daily News*)、《北华捷报》

(North China Herald)、《新闻报》、《新民报》、《文汇报》、《民国日报》、《中央日报》、《上海公共租界工部局公报》(华文版)、《上海法租界公董局公报》(华文版)等.

三、方志及资料汇编

[1] 中国第二历史档案馆,《中华民国史档案资料汇编》,江苏古籍出版社1994年版.

[2] 蔡鸿源主编,《民国法规集成》,黄山书社1999年版.

[3] 茅家琦主编,《中国旧海关史料(1859—1948)》,京华出版社2001年版.

[4] 上海市档案馆编,《工部局董事会会议录》,上海古籍出版社2001年版.

[5] 张研,《民国史料丛刊》,大象出版社2009年版.

[6] 南京图书馆,《二十世纪三十年代国情调查报告》,凤凰出版社2012年版.

[7] 袁恒权主编,《上海副食品商业志》,上海社会科学院出版社1998年版.

[8] 史梅定主编上海租界志,《上海租界志》,上海社会科学院出版社2001年版.

[9] 上海农垦志编纂委员会,《上海农垦志》,上海社会科学院出版社2004年版.

[10] 上海档案志编纂委员会,《上海档案志》,上海社会科学院出版社1999年版.

[11] 上海市嘉定区畜牧水产局志编写组,《嘉定县畜牧水产局志》,上海社会科学院出版社1994年版.

[12] 上海市浦东新区史志编纂委员会,《川沙县续志:1986—1992》,上海社会科学院出版社2004年版.

[13] 上海市宝山区史志编纂委员会,《上海市宝山区志:

1988—2005》,方志出版社 2009 年版.

[14]《川沙县志》,民国二十五年刊本.

[15]《宝山县续志》,民国十五年铅印本.

四、书籍专著

(一) 乳业论著

[1] 许复七著,《牛乳研究》,民智书局 1929 年版.

[2] 金嗣说编,《牛乳及其制品之研究》,商务印书馆 1936 年版.

[3] 潘念之,《乳牛饲养学》,中国农业书局 1936 年版.

[4] 吴信法,《牛乳及其制品》,正中书局 1937 年版.

[5] 吴信法编著,《乳牛学》,商务印书馆 1939 年版.

[6] 顾学裘编著,《牛乳研究》,中华书局 1940 年版.

[7] 郑学稼,《养牛学》,世界书局 1947 年版.

[8] 谢家驹著,《乳品学》,浙江文化印刷公司 1948 年版.

[9] 张天才著,《养乳牛》,商务印书馆 1950 年版.

[10] 吴信法著,《乳肉检验学》,上海畜牧兽医出版社 1953 年版.

[11] (苏)达维多夫,程式遵,施兰生译,《乳与乳品事业》,中华书局 1953 年版.

[12] (苏)叶·阿·阿葛福诺娃·E,《我怎样把每头乳牛的产乳量提高到 7432 公斤》,财政经济出版社 1954 年版.

[13] (苏)卡尔斯妮茨卡娅,苏库甘涅夫,程式遵,施兰生译,《乳与乳品事业实习》,中华书局 1954 年版.

[14] (苏)伊尼霍夫等著.黄立本、陆珹译,《乳制品化学分析 实验 第 1 卷 牛乳及乳制品的分析》,高等教育出版社 1956 年版.

[15] 谢善勤编著,《牛乳消毒与检查》,人民卫生出版社 1956

年版.

［16］（苏）西尔巴科娃·K,《提高乳牛产乳量的方法》,畜牧兽医图书出版社1956年版.

［17］蔡无忌、何正礼编著,中国科学社编辑,《中国现代畜牧兽医史料》,上海科学技术出版社1956年版.

［18］（苏）诺维科夫,黄昌澍别古赤夫编,濮成德,《实用养牛学》,畜牧兽医图书出版社1957年版.

［19］张仲葛、朱先煌主编,《中国畜牧史料集》,科学出版社1986年版.

［20］中国畜牧兽医学会编,《中国近代畜牧兽医史料集》,农业出版社1992年版.

［21］张和平编,《金世琳乳品科技文选》,中国轻工业出版社2006年版.

［22］国际乳品联合会编著,国际乳品联合会中国国家委员会等译,《英汉乳业术语词汇》,中国轻工业出版社2001年版.

［23］张利庠著,《中国奶业发展报告2008》,中国经济出版社2009年版.

(二) 其他书籍

［1］徐天锡,《上海市农业概况》,园艺事业改进协会1947年版.

［2］上海市医药公司,《上海近代西药行业史》,上海社会科学院出版社1988年版.

［3］上海社会科学院编辑部编,《上海经济 1949—1982》,上海人民出版社1983年版.

［4］张俊杰主编,《上海商业 1949—1989》,上海科学技术文献出版社1992年版.

［5］白鹤文等主编,中国农业博物馆编,《中国近代农业科技史稿》,中国农业科技出版社1996年版.

[6] 丁日初,《上海近代经济史(1895—1927年)》第2卷,上海人民出版社1997年版.

[7] 潘君祥、熊月之主编,《上海通史》第8卷:《民国经济》,上海人民出版社1999年版.

[8] 何炳松著,《通史新义》,广西师范大学出版社2005年版.

[9] 杨湘钧,《帝国之鞭与寡头之链 上海会审公廨权力关系变迁研究》,北京大学出版社2006年版.

[10] 彭善民著,《公共卫生与上海都市文明》,上海人民出版社2007年版.

[11] 李尚仁主编,《帝国与现代医学》,(台北)联经出版事业股份有限公司2008年版.

[12] 唐国良主编,上海市浦东新区文史学会,上海市浦东新区地方志办公室编,《近代浦东散记》,上海社会科学院出版社2009年版.

[13] 李辉,《董乐山文集》,河北教育出版社2001年版.

[14] 余叔川,《上海牛奶业艰苦成长史》,中国人民政治协商会议上海市长宁区委员会文史资料委员会,《长宁文史资料》第6辑,1990年:36—41.

[15] 陈柏生,《上海牛奶业的惨痛史》,完颜绍元、陆坚心《20世纪上海文史资料文库》第3辑,上海书店出版社1999年版.

[16] 徐根涛,《川沙奶牛发展简史》,政协川沙县委员会文史资料委员会,《川沙文史资料》第1辑,上海,1989.

[17] 中国红十字会总会,《中国红十字会历史资料选编,1904—1949》,南京大学出版社1993年版.

[18]《联合国善后救济总署与中国(1945—1947)》,人民出版社2004年版.

[19] 张利民著,《艰难的起步》,天津社会科学院出版社2008年:261.

[20]《红十字运动与慈善文化》,广西师范大学出版社 2010 年版.

[21] 中国人民政治协商会议全国委员会文史办公室,《中国近代国货运动/近代中国工商经济丛书》,中国文史出版社 1996 年版.

[22] 潘君祥,《近代中国国货运动研究》,上海社会科学院出版社 1998 年版.

[23] 魏文享,《中间组织:近代工商同业公会研究(1918—1949)》,华中师范大学出版社 2007 年版.

[24] 尤金·N.安德森,《中国食物》,江苏人民出版社 2003 年版.

[25] 忻平,《从上海发现历史——现代化进程中的上海人及其社会生活》,上海人民出版社 1996 年版.

(三)英语文献

[1] Alan Czaplicki. "Pure Milk Is Better than Purified Milk": Pasteurization and Milk Purity in Chicago, 1908—1916[J]. Social Science History, 2007, 31(3):411—433.

[2] E. M. DuPuis. Nature's Perfect Food: How Milk Became America's Drink[M]: New York University Press, 2002.

[3] Françoise Sabban. Milk Consumption in China: The Construction of a New Food Habit[A]. In:中华饮食文化基金会.台北:中华饮食文化基金会,2011:397—420.

[4] G.J.Allen, K.Albala. The Business of Food: Encyclopedia of the Food and Drink Industries[M]: Greenwood Publishing Group, Incorporated, 200.

[5] Kerrie L.Macpherson. A wilderness of marshes: the origins of public health in Shanghai, 1843—1893[M]. Hong Kong; New York: Oxford University Press, 1987.

［6］Peter. Atkins. Liquid materialities：a history of milk，science and the law［M］：Ashgate，2010.

［7］Susan Glosser. Milk for Health，Milk for Profit：Shanghai's Chinese Dairy Industry under Japanese Occuption［A］. In：Sherman Cochran. Inventing Nanjing Road Culture in Shanghai，1900—1945［M］. Ithaca：Cornell University，1999：207—233.

五、论文

（一）学位论文

［1］蒋竹山，《清代人参的历史：一个商品的研究》，（台湾）"清华大学"，2005年.

［2］陈蔚琳，《晚清上海租界公共卫生管理探析（1854—1910）》，"华东师范大学"，2005.

［3］褚晓琦，《近代上海菜场研究》，《史林》2005年第5期：112—120.

［4］高忠芳，《上海商品检验局研究（1929—1937）》，"苏州大学"，2007.

［5］路彩霞，《清末京津公共卫生机制演进研究（1900—1911）》，"南开大学"，2007.

［6］王春英，《"统制"与"合作"：中日战争时期的上海商人（1937—1945）》，"复旦大学"，2009.

［7］彭伟成，《战后国民政府惩治汉奸研究——以媒体报道为中心的考察》，"上海大学"，2009.

［8］彭媛媛，《南京国民政府前期卫生立法研究（1927—1937）》，"重庆医科大学"，2010.

［9］郝晓燕，《中国乳业产业安全研究》，"内蒙古农业大学"，2011.

［10］皮国立，《"气"与"细菌"的中国医疗史：民国中医外感

热病学析论》,(台湾)"台湾师范大学",2011.

[11] 毛姝静,《一九四〇年代成都市公共饮食卫生及其管理研究》,"四川师范大学",2012.

(二) 乳业相关

[1] 李忠萍,《从近代牛乳广告看中国的现代性——以1927~1937年〈申报〉为中心的考察》,安徽大学学报(哲学社会科学版),2010年第3期:106—113.

[2] 王艳华、李传威、杨广林等,《中国乳品消费研究》,工业技术经济,2003,22(5).

[3] 曹幸穗、苏天旺,《香港开埠早期的奶牛业(1842—1899)》,古今农业,2011年第2期:105—113.

[4] 曹幸穗、张苏,《日本占领时期的台湾乳畜饲养与乳品生产》,古今农业,2009年第3期:79—87.

[5] 袁成毅,《民国时期中英炼乳品牌纠纷案探析》,民国档案,1999年第4期.

[6] 徐时仪,《佛经中有关乳制品的词语考探》,南阳师范学院学报(社会科学版),2002年第3期:31—33.

[7] 董德宽、陈新、王春明等,《上海乳牛业简史与前瞻》,上海农业科技,1996年第4期.

[8] 王毓峰、沈延成,《上海市牛乳业发展史》,上海畜牧兽医通讯,1984年第6期.

[9] 宋维俊,《上海乳牛业十年变化》,上海畜牧兽医通讯,1959年第4期:148—150.

[10] 李宗斌,《十年来上海市兽医卫生事业发展概况》,上海畜牧兽医通讯,1959年第4期:151—153.

[11] 王成,《上海市奶牛引种考证》,上海畜牧兽医通讯(1).

[12] 王利华,《中古时期的乳品生产与消费》,中国农史,2000年第4期:82—87.

[13] 顾佳升,《古籍中的"酪"字含义辨析》,中国农史(3).

[14] 希良、张和平,《中国乳业发展史概述》,中国乳品工业, 2002, 30(5).

[15] 张和平,《中国古代的乳制品》,中国乳品工业,1994年第4期:161—167.

[16] 顾佳升,《历史资料显示:巴氏杀菌奶是可以标"鲜"的》,中国乳业,2006年第12期.

[17] 刘贤俊,《新中国乳业成为新兴的朝阳产业》,中国乳业,2002年第8期:41—42.

[18] 刘贤俊,《近代中国乳业的苦难历程》,中国乳业,2002年第6期:34—35.

[19] 刘贤俊,《古籍记载的中国乳业》,中国乳业,2002年第5期:33—34.

[20] 曹幸穗、张苏,《中国历史上的奶畜饲养与奶制品》,中国乳业,2009年第11期:80—84.

[21] 顾佳升,《溯成语"醍醐灌顶"之本源——看奶类在古代中国饮食结构中的地位》,中国乳业(6).

[22] 王书吟,《哺育中国:近代中国的牛乳消费——二十世纪二、三〇年代上海为中心的考察》,(台湾)《中国饮食文化》2011年第1期:207—239页.

[23] 陈玉箴,《乳业发展与营养论述:日治时期台湾牛乳消费文化的普及》,(台湾)政治大学中国大陆研究中心,2011.

[24] 罗丰,《中国北方乳制品制作与消费之历史——一个考古学与民族学的考察》,《中国饮食文化》(4卷2期):63.

[25] 周春燕,《胸哺与瓶哺——近代中国哺乳观念的变迁(1900—1949)》,(台湾)近代中国妇女史研究,2010年第18期:52.

[26] 蒋伟清,《南京奶业的回顾与展望》,中国奶牛,2000年

第 6 期:6—9.

[27] 李琦珂、曹幸穗,《抗日战争时期延安地区奶畜饲养》,中国农史,2012 年第 3 期:31—37.

（三）其他论文

[1] 郭成伟、田涛、张培田,《新发现的清末京师城市管理法规研究(上)》,政法论坛,1994 年第 2 期:78—83.

[2] 郭成伟、田涛、张培田,《新发现的清末京师城市管理法规研究(下)》,政法论坛,1994 年第 3 期:76—80.

[3] 李小芳、王晓玲,《中国食品卫生史料(1927～1949)》,中华医史杂志,1997 年第 1 期:26—30.

[4] 王德宽,《新中国同业公会的建立和发展》,中国工商,1998 年第 9 期:40.

[5] 侯欣一,《清末法制变革中的日本影响——以直隶为中心的考察》,法制与社会发展,2004 年第 5 期:34—45.

[6] 周春燕,《〈上海工部局医官造卫生清册〉:一份研究近代上海公共卫生的重要史料》,政大史粹,2006 年第 11 期:179.

[7] 梁淳威、梁峻、曹利娟,《清末北京卫生法规和医学堂》,北京中医,2007 年第 6 期:368—371.

[8] 周执前,《清末警政与中国城市管理的法治化》,长沙大学学报,2008 年第 6 期:57—60.

[9] 孔伟,《试探 20 世纪 30 年代前期的宁波饮食卫生管理》,沧桑,2008 年第 6 期:21—23.

[10] 吴焕姣,《20 世纪 30 年代中期北平市卫生局公共饮食卫生管理初探》,北京社会科学,2010 年第 5 期:87—93.

[11] 曹丽娟,《清末北京公共卫生事业的初建》,北京中医药,2010 年第 10 期:790—794.

[12] 兰教材,《美国 1906 年纯净食品药品法之由来》,史学月刊,2011 年第 2 期:93—103.

［13］余新忠，《晚清的卫生行政与近代身体的形成——以卫生防疫为中心》，清史研究，2011年第3期：48—68.

［14］魏秀春，《英国食品安全立法研究述评》，井冈山大学学报（社会科学版），2011年第2期：122—130.

［15］余新忠，《卫生何为——中国近世的卫生史研究》史学理论研究，2011年第3期：132—141.

［16］胡成，《中日对抗与公共卫生事业领导权的较量——对"南满洲"铁路、港口中心城市的观察（1901—1911）》，近代史研究，2011年第1期：31—46.

［17］丁芮，《民国初期北京饮食卫生管理初探》，兰州学刊，2012年第3期：66—71.

［18］王笛，《成都茶社同业公会的消亡》，二十一世纪，2009年第115期：46—54.

［19］潘敏，《20世纪80年代以来惩治汉奸研究综述》，抗日战争研究，2010年第3期：147—152.

［20］李雅茹、潘敏，《国民政府惩治汉奸法令述论》，西安政治学院学报，2011年第5期：66—69.

［21］陈远朋，《中国食物疗养传统的形成与变迁》，（台北）"从医疗看中国史"学术研讨会，2005.

六、网站网址

［1］国际乳品联合（International Dairy Foods Association，简称IDF）http://www.idfa.org/.

［2］联合国粮食及农业组织网站 http://www.codexalimentarius.org/.

［3］剑桥世界食物史 http://www.cambridge.org/us/books/kiple/default.htm.

［4］雀巢公司网站 http://www.nestle.com/.

后　　记

　　2008年,我在学校BBS论坛上看到一则招募纪录片参与者的帖子。彼时,三聚氰胺事件正闹得沸沸扬扬。招募人是同校一名人类学系的研究生,他想要做一部关于牛奶的纪录片,参加电视台的一个比赛,需要招募各学科的成员一起参与。带着好奇心,我报名加入了这个团队。随后的几个月,我们一起讨论搜集到的资料,给纪录片的形式提意见,参与电视台的评比。最后虽然很遗憾没有入选决赛名单,我却对乳业这个话题产生了极大的兴趣。当时的我正在寻找学位论文的选题,而通过参与制作纪录片,我搜集了不少关于近代上海乳业的资料,发现对于中国人来说,把牛奶作为日常饮食,也不过才百来年。那么,这中间经历了什么样的变化和发展?我带着这个问题,开始了我的研究。

　　然而,真正开始投入研究后,我就有点后悔了。寻找资料犹如大海捞针,报刊中零零散散的论述,各种时人文集中的只言片语,用英语和法语书写的租界档案,都让我感到棘手。在短短几年的读博生涯中,我不得不面对资料的取舍,在面对大量的外文档案和有限的时间时,我曾心生绝望,想要放弃。我还因为发现几篇已发表的关于牛奶的史学论文,而无比郁闷和懊悔自己的拖延症,也对学术能力产生了怀疑。梳理资料的同时,我还对如何将自己的论述纳入学术框架,感到迷茫。我不知道如何和别人讨论自己的选题,因为这个题目听起来非常的"不学术",有种"不务正业"的感觉。彼时,新文化史研究的热潮正席卷中国史学界,我也非常想将研究对象置入"现代性"来考察,以期获得某种理论高度。但最终,我还是将之归入卫生制度的范畴,尽量展现史料本身呈现出的问题,这不免让本书看起来有点浅薄。这不仅让我想起胡适引起争议的一句话："多研究些问题,少谈些主义。"

　　写博士论文不是一件容易的事,好在我终于还是完成了。回首从南大历史系到复旦历史系的这十年,是我人生中最美好的时光。在这近十年的读书生涯中,我充分体会到史学研究的魅力。起初,选择历史系是因为我从小就喜欢各种历史故事,所以天真地把历史研究和讲故事画上了等号。这种一厢情愿的想法,很快就在真正接触到严谨的学术研究后土崩瓦解了。在南京大学读书的岁月中,我开始学会做研究、查资料,开始明白什么叫"论文"。那些懵懂无知的日子见证了我最初的努力。2007年选择来复旦读书,我抱着对学术的憧憬,在求学的六年中,真正体会到"痛并快乐着"的感觉:读到好书时的幸福感、写论文时的苦恼、与朋友们为某个问题争辩、听到某句话时产生的共鸣,现在想来,都是那样美好的存在。

　　我要感谢我的导师戴鞍钢教授,感谢他当年选择我这个不甚聪明,偶有犯懒的学生。从入学以来,我就对很多事情漫不经心,时常对自己缺乏信心。感谢戴老师对我的宽容、理解、支持和鼓励。我资质愚钝,也不免让老师为我多添了几分担心,在许多事情上都需要导师对我耳提面命,想来也十分惭愧。即使毕业以后,老师依然关心着我的生活和工作,还时常督促我写论文评职称。老师的严谨治学、宽和待人的处事风格,也使我受益良多。每次给老师的论文,他都仔细修改,这本书的最终成形,离不开老师的功劳,希望它没有让他失望。

　　复旦历史系的朱荫贵、吴景平、章清、王立诚、姜义华、陈雁教授等诸位老师都曾对我的论文提供了帮助和建议。朱荫贵老师曾多次为我的论文提出修改意见,并在写论文的问题上多次给予可操作性建议,时常会鼓励我,耐心地为我解答问题,是一位可敬可亲的师长。吴景平老师的努力在历史系是人所共知的,他对学术的追求很值得我们学习。感谢章清老师,王立诚、姜义华老师在博士开题和预答辩时给予的建议。感谢陈雁老师和马建标老师,谢谢他们在担任辅导员的时候,关心我们的研究和生活。感谢张仲民老师,他让我领略到新文化史的魅力,开拓了我的视野。感谢傅德华老师关心我的研究,为我查照资料提供便利。

本文的部分章节曾提交给华中师范大学、华东师范大学和上海师范大学举办的学术论坛,承蒙各位老师和同学们的批评和指正,在此对冯筱才教授、杨奎松教授、韩钢教授、郑成林教授、苏智良教授、陶飞亚教授等表示感谢。在前期资料的调研过程中,非常荣幸地认识了上海市奶业行业协会的副秘书长顾佳升先生,感谢他对这个选题的关注,并时常为我提供最新的业界资料,解答专业问题。论文的撰写,离不开上海档案馆和上海图书馆工作人员的帮助,在此一并致谢。上海市工商联档案室的王昌范主任,在我实习期间也给予我资料上的支持,非常感谢他。

我要感谢我的同学们,他们使我读书的日子增添了很多欢乐。感谢皇甫秋实,从硕士至今,一路走来,你都是我的榜样,是我学习的对象,我们一起讨论学术,谈论生活,互相吐槽和鼓励,经历着生活对我们的考验,希望我们的友谊长存,永远相伴前行。感谢朱联璧,你的勤奋努力一直让我望尘莫及,感谢你在初为人师之际,帮我修改博士论文,也许我可以成为你第一个学生呢。感谢已经毕业并在兰州大学工作的李娟同学,谢谢你经常邀请我吃喝玩乐,听我唠叨和诉苦。感谢同为戴门子弟的王春英、房正、袁哲、刘洋、陈雯、马俊。感谢同寝室的宋青红和张牛美。感谢罗毅、康凯、梁万斌、段志强、刘铭、胡方艳、左敏、张宁静、任宏、舒铁、施静娴、顾晓伟、葛会鹏、严宇鸣、成富磊、柯伟明等同学,一起读书的缘分一定会好好珍惜。还要感谢吴焕良师弟和潘玮琳师姐为我修改论文,他们的建议都极具建设性,一针见血地看到我论文的问题所在。

感谢我的父母,谢谢你们对我的理解和支持,谢谢你们允许我任性地选择了一条看起来不怎么好走的道路。感谢父亲作为我最初的启蒙老师,是你让我爱上阅读,感谢母亲,虽然总是抱怨我不听话,却依然是我坚强的后盾。

最后,要感谢我的先生曹伟。感谢命运让我们相遇,感谢专业让我们相知。我不敢说这就是我向往的婚姻,但有了你的尊重、理解和支持,我才会变得越来越好。虽然我曾嘴硬不承认你提出的意见,可最终还是不得不承认你是对的。未来的日子,我们仍要相伴前行,共担风雨。还有我刚出生的宝宝们,你们是我这辈子最宝贵的礼物,妈妈正是因为有了你们,才想成为更好的自己。你们永远是我前行的动力。

十年来的付出与努力,终将要说声"再见"了。选我所爱,爱我所选。回首顾盼,将最美好的时光用于追逐梦想,尽管最终也许不能得偿所愿,却不负青春一场。

章斯睿

2020年3月

图书在版编目(CIP)数据

塑造近代中国牛奶消费：对近代上海乳业市场发展及其管理的考察 / 章斯睿著 .— 上海：上海社会科学院出版社，2020
ISBN 978-7-5520-3143-0

Ⅰ.①塑… Ⅱ.①章… Ⅲ.①乳品工业—工业发展—研究—上海—近代 Ⅳ.①F426.82

中国版本图书馆 CIP 数据核字(2020)第 052499 号

塑造近代中国牛奶消费：对近代上海乳业市场发展及其管理的考察

著　　者：章斯睿
责任编辑：张　晶
封面设计：黄婧昉
出版发行：上海社会科学院出版社
　　　　　上海顺昌路 622 号　邮编 200025
　　　　　电话总机 021-63315947　销售热线 021-53063735
　　　　　http：//www.sassp.cn　E-mail：sassp@sassp.cn
照　　排：南京理工出版信息技术有限公司
印　　刷：上海颛辉印刷厂
开　　本：890 毫米×1240 毫米　1/32
印　　张：6.75
字　　数：168 千字
版　　次：2020 年 8 月第 1 版　2020 年 8 月第 1 次印刷

ISBN 978-7-5520-3143-0/F・608　　　　　　　　　　定价：58.00 元

版权所有　翻印必究